杨树达讲汉代婚丧礼俗

杨树达 著

河海大学出版社
HOHAI UNIVERSITY PRESS
·南京·

图书在版编目（CIP）数据

杨树达讲汉代婚丧礼俗 / 杨树达著. -- 南京：河海大学出版社，2019.7
 ISBN 978-7-5630-5922-5

Ⅰ．①杨… Ⅱ．①杨… Ⅲ．①婚姻－风俗习惯史－中国－汉代②葬俗－风俗习惯史－中国－汉代Ⅳ．①K892.22

中国版本图书馆CIP数据核字（2019）第073216号

书　　名	杨树达讲汉代婚丧礼俗
书　　号	ISBN 978-7-5630-5922-5
责任编辑	毛积孝
特约编辑	李　路　　叶青竹
特约校对	李　苹　　王春兰
出版发行	河海大学出版社
地　　址	南京市西康路1号（邮编：210098）
电　　话	（025）83722833（营销部）
	（025）83737852（总编室）
经　　销	全国新华书店
印　　刷	三河市元兴印务有限公司
开　　本	880mm×1230mm　1/32
印　　张	8.5
字　　数	181千字
版　　次	2019年7月第1版
印　　次	2019年7月第1次印刷
定　　价	59.80元

《大师讲堂》系列丛书
▶ 总序

/ 吴伯雄

梁启超说:"学术思想之在一国,犹人之有精神也。"的确,学术的盛衰,关乎一个民族的精神气象与文化氛围。民国是一个动荡不安的时代,内忧外患,较之晚清,更为剧烈,中华民族几乎已经濒临亡国灭种的边缘。而就是在这样日月无光的民国时代,却涌现出了一批批大师,他们不但具有坚实的旧学基础,也具备超前的新学眼光。加之前代学术的遗产,西方思想的启发,古义今情,交相辉映,西学中学,融合创新。因此,民国是一个大师辈出的时代,梁启超、康有为、严复、王国维、鲁迅、胡适、冯友兰、余嘉锡、陈垣、钱穆、刘师培、马一孚、熊十力、顾颉刚、赵元任、汤用彤、刘文典、罗根泽……单是这一串串的人名,就足以使后来的学人心折骨惊,高山仰止。而他们在史学、哲学、文学、考古学、民俗学、教育学等各个领域所取得的成就,更是创造出了一个异彩纷呈的学术局面。

岁月如轮,大师已矣,我们已无法起大师于九原之下,领教大师们的学术文章。但是,"世无其人,归而求之吾书"(程子语)。

大师虽已远去，他们留下的皇皇巨著，却可以供后人时时研读。时时从中悬想其风采，吸取其力量，不断自勉，不断奋进。诚如古人所说："圣贤备黄卷中，舍此安求？"有鉴于此，我们从卷帙浩繁的民国大师著作当中，精心编选出版了这一套"大师讲堂系列丛书"，分辑印行，以飨读者。原书初版多为繁体字竖排，重新排版字体转换过程当中，难免会有鲁鱼亥豕之讹，还望读者不吝赐正。

吴伯雄，福建莆田人，1981年出生。2003年考入福建师范大学古代文学研究系，师从陈节教授。2006年获硕士学位。同年9月考入复旦大学中文系古代文学专业，师从王水照先生。2009年7月获博士学位。同年9月进入福建师范大学文学院古代文学教研室工作。推崇"博学而无所成名"。出版《论语择善》(九州出版社)，《四库全书总目选》(凤凰出版社)。

目录

第一章 婚姻 | 001

第一节 议婚 | 001

第二节 婚仪 | 010

第三节 婚年 | 023

第四节 重亲 | 028

第五节 绝婚 | 037

第六节 改嫁改娶 | 047

第七节 妾媵 | 060

第二章 丧葬 | 064

第一节 沐浴饭含 | 064

第二节 衣衾 | 066

第三节 棺椁 | 074

第四节 发丧受吊 | 093

第五节 送葬 | 100

第六节 从葬之物 | 107

第七节 葬期 | 121

第八节 坟墓 | 134

第九节 归葬 | 182

第十节 合葬 | 194

第十一节 祔葬 | 202

第十二节 改葬 | 205

第十三节 赗赠 | 210

第十四节 护丧 | 215

第十五节 丧期 | 218

第十六节 居丧之礼 | 247

第十七节 上冢 | 252

第一章 婚姻

第一节 议婚

欲为婚，夫家或介者先请于女家，或得请。

《汉书》九十七上《孝宣许后传》云：时许广汉有女平君，年十四五，当为内者令欧侯氏子妇。临当入，欧侯氏子死。其母将行卜相，言当大贵，母独喜。张贺闻许啬夫有女，乃置酒请之。酒酣，为言："曾孙体近，下人乃关内侯，可妻也！"广汉许诺。明日，妪闻之，怒。广汉重令为介，遂与曾孙。

《后汉书》三十二《樊鯈传》云：弟鲔为子赏求楚王英女敬乡公主，鯈闻而止之，曰："建武时，吾家并受荣宠，一宗五侯。时特进一言，女可以配王，男可以尚主，但以贵宠过盛即为祸患，故不为也。且尔一子，奈何弃之于楚乎？"鲔不从。

其后楚事发觉，帝追念儵谨恪，又闻其止鲔婚事，故其诸子得不坐焉。

《后汉书》八十三《逸民·戴良传》云：良五女并贤，每有求姻，辄便许嫁。

或不得请。

《汉书》八十《淮阳宪王传》云：赵王复使人愿尚女，聘金二百斤，博未许。

《汉书》九十三《董贤传》云：王闳妻父萧咸，前将军望之子也。久为郡守，病免，为中郎将，兄弟并列。贤父恭慕之，欲与结婚姻，闳为贤弟驸马都尉宽信求咸女为妇，咸惶恐不敢当。私谓闳曰："董公为大司马，册文言允执其中。此乃尧禅舜之文，非三公故事，长老见者莫不心惧。此岂家人子所能堪耶！"闳性有知略，闻咸言，心亦悟。乃还报恭，深达咸自谦薄之意。恭叹曰："我家何用负天下，而为人所畏如是？"意不说。

《后汉书》七十八《宦者·单超传》云：徐璜兄子宣为下邳令，暴虐尤甚。先是求故汝南太守李暠女，不能得。及到县，遂将吏卒至暠家载其女归，戏射杀之，埋著寺内。

《魏志》二十一《王粲传》云：粲父谦，为大将军何进长史。进以谦名公之胄，欲与为婚，见其二子，使择焉，谦弗许。

第一章 婚姻

亦有发议自女子之亲族者,亦或许。

《汉书》一《高帝纪》云:吕公者,好相人。见高祖状貌,因重敬之,引入,坐上坐。酒阑,吕公因目固留高祖。竟酒后,吕公曰:"臣少好相人,相人多矣,无如季相,愿季自爱!臣有息女,愿为箕帚妾。"酒罢,吕媪怒吕公曰:"公始当欲奇此女,与贵人。沛令善公,求之,不与,何自妄许与刘季?"吕公曰:"此非儿女子所知。"卒与高祖。吕公女,即吕后也。

《汉书》四十《陈平传》云:及平长,可取妇,富人莫与者;贫者,平亦愧之。久之,户牖富人张负有女孙,五嫁,夫辄死,人莫敢取,平欲得之。邑中有大丧,平家贫,侍丧以先往后罢为助。张负既见之丧所,独伟视平,平亦以故后去。负随平至其家,家乃负郭穷巷,以席为门,然门外多长者车辙。张负归,谓其子仲曰:"吾欲以女孙予陈平。"仲曰:"平贫不事事,一县中尽笑其所为,独奈何予之女!"负曰:"固有美如陈平长贫者乎!"卒与女。

或不许焉。

《后汉书》八十三《逸民·梁鸿传》云:鸿归乡里,势家慕其高节,多欲女之,鸿并绝不娶。

又有由女子自主之者。

《汉书》三十二《张耳传》云：外黄富人女甚美，庸奴其夫，亡邸父客。父客谓曰："必欲求贤夫，从张耳。"女听，为请决嫁之。女家厚俸给耳。

《汉书》五十五《卫青传》云：平阳侯曹寿尚武帝姊阳信长公主，寿有恶疾，就国。长公主问："列侯谁贤者？"左右皆言大将军。主笑曰："此出吾家，常骑从我，奈何？"左右曰："于今尊贵无比。"于是长公主风白皇后，皇后言之，上乃诏青尚平阳主。如淳曰："本阳信长公主也。为平阳侯所尚，故称平阳主。"

《后汉书》八十三《逸民·梁鸿传》云：同县孟氏有女，状肥丑而黑，力举石臼，择对不嫁。至年三十，父母问其故，女曰："欲得贤如梁伯鸾者。"鸿闻而聘之。

若不待父母之命而私奔，则见怒于其父母。

《汉书》五十七《司马相如传》云：临邛多富人，卓王孙僮客八百人，程郑亦数百人。乃相谓曰："令有贵客，为具召之。"并召令。令既至，卓氏客以百数。至日中，请司马长卿，长卿谢病不能临。临邛令不敢尝食，身自迎相如，相如为不得已而强往，一坐尽倾。酒酣，临邛令前奏琴，曰："窃闻长卿好之,愿以自娱!"相如辞谢,为鼓一再行。是时卓王孙有女文君新寡,好音,故相如缪与令相重而以琴心挑之。相如时从车骑雍容闲雅,甚都。及饮卓氏弄琴,文君窃从户窥,心说而好之,恐不得当也。既罢,相如乃令侍人重赐文君侍者通殷勤,文君夜亡奔相如,相如与驰归成都,家徒四壁立。卓王孙大怒曰:"女至不材,我不忍杀,一钱不分也!"人或谓王孙,王孙终不听。

夫家择妇,有以形相者。

《汉书》八十九《循吏·黄霸传》云:始霸少为阳夏游徼,与善相人者共载出,见一妇人。相者言:"此妇人当富贵。不然,相书不可用也。"霸推问之,乃其乡里巫家女也。霸即取为妻,与之终身。

有以才贤者。

《华阳国志》卷十中云:阳姬,武阳人也,生自寒微,父坐事闭狱。杨涣始为尚书郎,告归,郡县敬重之,姬为处女,乃邀道扣涣马讼父罪,言辞慷慨涕泣。涣恩告郡县,为出其父,因奇其才,为子文方聘之。

有以门第者。

　　《汉书》九十三《董贤传》云：王闳妻父萧咸，前将军望之子也，久为郡守，病免，为中郎将，兄弟并列。贤父恭慕之，欲与结婚姻。

有以吉祥者。

　　《汉书》九十七下《外戚传》云：中山卫姬，平帝母也。父子豪。子豪女弟为宣帝婕妤，生楚孝王；长女又为元帝婕妤，生平阳公主。成帝时，中山孝王无子，上以卫氏吉祥，以子豪少女配孝王。树达按：成帝所谓吉祥，盖以卫氏女多嫁皇室生子女故也。

有以赀财者。

　　《汉书》四十《陈平传》云：见前。树达按：平以妻贫家女为愧，而欲得五嫁夫辄死之女，意在赀财明矣。

妇家择婿有以形相者。

　　《汉书》一《高祖纪》云：吕公曰："臣少好相人。相人多矣,无如季相。臣有息女,愿为箕帚妾。"

《汉书》四十《陈平传》云:张负曰:"固有美如陈平长贫者乎!"

《太平御览》五百四十一引《吴书》云:陶谦字恭祖,丹阳县人。甘公出,遇之涂,见其容貌,异而呼之,住车与语,甚悦之,因许妻以女。甘夫人怒曰:"闻陶家儿游戏无度,如何以女许之?"甘公曰:"彼有奇表,后必大成。"遂与之,后为徐州牧。

有以才贤者。

《汉书》三十二《张耳传》云:父客曰:"必欲求贤夫,从张耳。"

《后汉书》七十三《公孙瓒传》云:瓒为人美姿貌,大音声,言事辩慧,太守奇其才,以女妻之。

《后汉书》八十四《列女传》云:勃海鲍宣妻者,桓氏之女也,字少君。宣尝就少君父学,父奇其清苦,故以女妻之。

《太平御览》五百四十一引《郑玄别传》云:故尚书左丞同县张逸,年十三,为县小吏,君谓之曰:"尔有赞道之质,玉虽美,须雕琢而成器,能为书生以成尔志否?"对曰:"愿之。"乃遂拔于其辈,妻以弟女。

《华阳国志》卷十下云:李燮,太尉固子也。父死时,二兄亦死，燮为姊所遣，随父门生王成亡命徐州，佣酒家，酒家知非常人，以女妻之。

有男女尚未生而父母即约为婚姻者，则后世指腹为婚之习也。

　　《后汉书》十七《贾复传》云：复北与五校战于真定，大破之，复伤创甚。光武大惊，曰："我所以不令贾复别将者，为其轻敌也。果然失吾名将！闻其妇有孕，生女邪，我子娶之；生男邪，我女嫁之，不令其忧妻子也。"

至若以一时政治关系而约婚姻，盖特例云。

　　《史记》七《项羽纪》云：张良出要项伯，项伯即入见沛公，沛公奉卮酒为寿，约为婚姻。
　　《后汉书》二十一《刘植传》云：时真定王刘扬起兵以附王郎，众十余万。世祖遣植说扬，扬乃降。世祖因留真定纳郭后。后即扬之甥也，故以此结之。

民间狡黠者或以一女许数家，往往涉讼焉。

　　《潜夫论》五《断讼篇》云：或妇人之行，贵令鲜絜，今以适乙矣，无颜复入甲门，县官原之，故令使留所既入家；必未昭治乱之本原，不惟贞絜所生者之言也。贞女不二心以数变，不枉行以遗忧，一许不改，盖所以长贞絜而宁父兄也。其不循此而二三其德者，此本无廉耻之家，不贞专之所也。若然之人，又何丑吝！今婚姻无相诈，非人情之不可能者也，是故不若立义顺法遏绝其原。诸一女许数家，虽生十子更百赦，勿令得蒙，一还私家，则此奸绝矣。不则髡其夫妻，徙千里外剧县，乃可以毒其心而绝其后，奸乱绝则太平兴矣。

两家门第以相当为主，故有士大夫与宦官为婚姻者，则为时讥毁。

《后汉书》四十四《胡广传》云：及共李固定策，大议不全，又与中常侍丁肃婚姻，以此讥毁于时。

寒微之家得与士大夫为婚，则必蒙其援助。

《华阳国志》卷十中《阳姬传》云：姬，武阳人也，生自寒微，父坐事闭狱。杨涣始为尚书郎，告归，郡县敬重之。姬乃邀道扣涣马讼父罪，言辞慷慨涕泣。涣奇其才，为子文方聘之。结婚大族，二弟得仕宦，遂世为宦门。

至汉之末世，著姓不欲与王侯为婚，盖特异之事也。

《群书治要》引仲长统《昌言》云：故姓族之殷不与王侯婚者，不以其五品不和陸，闺门不洁盛耶？

第二节 婚仪

婚仪亦如古之六礼，首纳采。

《汉书》九十七下《外戚·孝平王皇后传》云：莽欲依霍光故事以女配帝，太后意不欲也。莽设变诈，令女必入，因以自重，太后不得已而许之。遣长乐少府夏侯藩、宗正刘宏、少府宗伯凤、尚书令平晏纳采。师古曰："纳采者，《礼记》云：婚礼，纳采，问名，谓采择其可者。"

《后汉书》十下《懿献梁皇后传》云：纳采雁璧乘马束帛，一如旧典。惠栋《补注》引《汉杂事》云：以黄金二万斤、马十二匹、玄𫄧谷璧以章典礼。

《后汉书》十下《献穆曹皇后传》云：操进三女宪、节、华为夫人，聘以束帛玄纁五万匹。

《后汉书》八十四《列女·皇甫规妻传》云：规卒时，妻年犹盛，而容色美。后董卓为相国，承其名，聘以轺轀百乘、马二十匹，奴婢钱帛充路。

第一章 婚姻

《艺文类聚》引郑众《婚礼谒文》云：纳采，始相与言语采择可否之时。

百官纳采，用玄纁、羊、雁等礼物凡三十种。

《通典》五十八云：后汉郑众百官六礼辞大略同于周制，而纳采女家答辞，末云：奉酒肉若干，再拜反命。其所称前人，不云吾子，皆云君。六礼文皆封之，先以纸封，表又加以皂囊，著篋中，又以皂衣篋，表讫，以大囊表之，题检文，言：谒表某君门下。其礼物凡三十种，各有谒文，外有赞文各一首。封篋表讫，蜡封，题用皂帔盖于箱中，无囊表，便题检文，言：谒篋某君门下，便书赞文，通共在检上。礼物：案以玄纁，羊，雁，清酒，白酒，粳米，稷米，蒲，苇，卷柏，嘉禾，长命缕，胶，漆，五色丝，合欢铃，九子墨，金钱，禄得香草，凤凰，舍利兽，鸳鸯，受福兽，鱼，鹿，乌，九子妇，阳燧。

物有谒文，

《通典》五十八云：总言言物之印象者，玄象天，纁法地。羊者，祥也，群而不党。雁则随阳。清酒降福。白酒欢之由。粳米养食。稷米粢盛。蒲众多性柔。苇柔之久。卷柏屈卷附生。嘉禾须禄。长命缕缝衣。延寿胶能合异类。漆内外光好。五色丝章采，屈伸不穷。合欢铃音声和谐。九子墨长生子孙。金钱和明不止。禄得香草为吉祥。凤凰雌雄伉合俪。舍利兽廉而谦。鸳鸯飞止须匹，鸣则相和。受福兽体恭心慈。鱼处渊无射。鹿者禄也。乌知反哺，孝于父母。九子妇有四德。阳燧成明安身。又有丹为五色之荣，青为色首，东方始。严可均云：此即谒文之约文。盖礼物三十种各有谒有赞，各题在检上。

婚礼谒文，

《艺文类聚》四十引郑众云：纳采，始相与言语采择可否之时。问名，谓问女名将归卜之也。纳言，谓归卜吉，往告之也。纳征，用束帛，征成也。请期，请吉日将迎，亲谓成礼也。

有赞文。

《艺文类聚》九十一引郑众《婚礼谒文赞》云：雁候阴阳，待时乃举，冬南夏北，贵有其所。

《艺文类聚》八十五又引云：粳米馥芬，婚礼之珍。

《太平御览》八百四十又引云：稷为天官。

《御览》九百八十九又引云：卷柏药草，附生山颠，屈卷成性，终无自伸。

《初学记》二十七又引云：嘉禾为谷，班禄是宜，吐秀五七，乃名为嘉。

《御览》八百三十又引云：长命之缕，女工所为。

《初学记》二十一及《御览》六百二又引云：九子之墨，藏于松烟，本性长生，子孙图边。

《御览》八百三十六又引云：金钱为质，所历长久，金取和明，钱用不止。

《御览》九百十三又引云：舍利为兽，廉而能谦，礼义乃食，口无讥愆。按：以上为雁，粳米，稷，卷柏，嘉禾，长命缕，九子墨，金钱，舍利兽九物之赞也。

《艺文类聚》九十二又引云：雌雄相类，飞止相匹。按：此二语严可均谓是鸳鸯鸟赞，是也。

《艺文类聚》八十九又引云：女贞之树，柯叶冬生，寒凉守节，险不能倾。按：严可均云：《通典》所载礼物三十种，自玄𫄧至阳燧仅二十九种，而无女贞，岂脱此一种邪！抑女贞即九子妇邪？当考。

次问名，

《艺文类聚》四十引郑众《婚礼谒文》云：问名，谓问女名，将归卜之也。

次纳吉,

> 《艺文类聚》四十引郑众《婚礼谒文》云:纳吉,谓归卜吉,往告之也。
>
> 《汉书》九十九《王莽传》上云:太后不得已,听公卿采莽女。莽曰:"愿见女。"太后遣长乐少府、宗正、尚书令纳采见女。还,奏言:"公女渐渍德化,有窈窕之容,宜承天序,奉祭礼。"有诏遣大司徒、大司空策告宗庙,杂加卜筮,皆曰:"兆遇金水王相,卦遇父母得位,所谓康强之占,逢吉之符也。"树达按:《汉书》此条兼纳采问名纳吉三事。见女则已问名矣。策告宗庙,杂加卜筮者,问名之后归卜也。卜吉之后,当往告莽家,是为纳吉,史文略不具。

次纳征,所谓聘金,即纳征钱也。

> 《艺文类聚》四十引郑众《婚礼谒文》云:纳征用束帛。征,成也。
>
> 《汉书》九十九《王莽传》上云:有司奏:"故事:聘皇后黄金二万斤,为钱二万万。"莽深辞让,受四千万,而以三千三百万予十一媵家。群臣复言:"今皇后受聘,逾群妾无几。"有诏复益二千三百万,合为三千万。……加后聘三千七百万,合为一万万,以明大礼。孔光等曰:"纳征钱乃以尊皇后,非

为公也。"……莽乃复以所益纳征钱千万遗与长乐长御供养者。

又《王莽传》下云：进所征天下淑女，立杜陵史氏女为皇后，聘黄金三万斤。

《后汉书》十下《献烈梁皇后传》云：于是悉依孝惠皇帝纳后故事，聘黄金二万斤。

《汉官仪》云：皇帝聘皇后，黄金万斤。

《宋书·礼志》云：尚书朱整议：汉高后制，聘后黄金二百斤，马十二匹；夫人，金五十斤，马四匹。

《汉书》五十九《张安世传》云：及曾孙壮大，贺为取许妃，以家财聘之。

《汉书》八十《淮阳宪王传》云：赵王复使人愿尚女，聘金二百斤，博未许。

次请期，次亲迎。

《艺文类聚》四十引郑众《婚礼约文》云：请期，请吉日将迎。亲迎谓成礼也。树达按：《仪礼·士昏礼》云：请期用雁，主人辞，宾许，告期，如纳征礼。郑注云：主人辞者，阳倡阴和，期日宜由夫家来也。夫家必先卜之得吉日，方使使者往，辞即告之。按：请期其名，告期其实，特古人故为谦让，故曰请期耳。

《汉书》九十七《孝平王皇后传》云：太后遣太师孔光、大司徒马宫、大司空甄丰、左将军孙建、执金吾尹赏、行太常事太中大夫刘歆及太卜、太史令以下四十九人赐皮弁素绩,以礼杂卜筮,太牢祠宗庙,待吉月日。明年春,遣大司徒宫、大司空丰、左将军建、右将军甄邯、光禄大夫歆奉乘舆法驾迎皇后于安汉公第。宫、丰、歆授皇后玺绂,登车称警跸,便时上林延寿门,入未央宫前殿。树达按:待吉月日者,盖已请期而告于宗庙也。奉乘舆法驾,谓亲迎也。

古诗《孔雀东南飞》云:登即相许和,便可作婚姻。媒人下床去,诺诺复尔尔,还部白府君:下官奉使命,言谈大有缘。府君得闻之,心中大欢喜,视历复开书,便利此月内,六合正相应,良吉三十日,今已二十七,卿可去成婚。按:此为婚期由夫家定之之证。

夫家贫者,妇家或假贷币以为聘。

《汉书》四十《陈平传》云:张负卒与女,为平贫,乃假贷币以聘。

若官吏助民礼聘,

《后汉书》七十六《循吏·任延传》云:骆越之民无嫁娶礼法,各因淫好,无适对匹,不识父子之性夫妇之道。延乃移书属县,各使男年二十至五十,女年十五至四十,皆以年齿相配。其贫无礼聘，令长吏以下各省奉禄以赈助之，同时相娶者二千余人。

及长吏为僚属集聘妇之赀，盖皆特例也。

《太平御览》五百四十一李固助展允婚教云：告文学师：议曹史展允笃学贫苦，慈孝推让，年将知命，配匹未定，闻之怆然，甚闵哀之。夫冠娶仕进，非所以已，允亲兄弟无意，亦朋友不好事之罪也。前遣师辅为允娶，云谭处士等各欲佐助，迄今未定出钱千率。先大夫天府内史守助佐干及谭掾等其欲议朋友少征条名目，允贫也，礼宜从约，二三万钱足以成婚。

以中国重纳聘，故虽外国王尚公主，必具聘礼焉。

《汉书》九十六下《西域传》云：乌孙使使献马，愿得尚汉公主，为昆弟。天子问群臣，议许，曰："必先内聘，然后遣女。"乌孙以马千匹聘。汉元封中，遣江都王建女细君为公主，以妻焉。又云：元康二年，乌孙、昆弥因常惠上书：愿以汉外孙元贵靡为嗣，得令复尚公主，结婚重亲，畔绝匈奴，愿聘马骡各千匹。……遣使者至乌孙先迎取聘，昆弥及太子、左右大将、都尉皆遣使，凡三百余人入汉迎取少主，上乃以乌孙主解忧弟子相夫为公主而遣之。

女子将嫁，家人具衣饰。

　　《汉书》九十七上《外戚·孝宣霍后传》云：母显既使淳于衍阴杀许后，显因为女成君衣补，治入宫具，劝光内之，果立为皇后。

　　古诗《孔雀东南飞》云：阿母谓阿女：适得府君书，明日来迎汝，何不作衣裳？莫令事不举！阿女默无声，手巾掩口啼，泪落便如泻。移我琉璃榻，出置前窗下。左手持刀尺，右手执绫罗，朝成绣裌裙，晚成单罗衫。

装送有丰，

　　《后汉书》八十四《列女传》云：勃海鲍宣妻者，桓氏之女也。字少君。宣尝就少君父学，父奇其清苦，故以女妻之，装送资贿甚盛。

　　又云：汝南袁隗妻者，扶风马融之女也，字伦。融家世丰豪，装遣甚盛。及初成礼，隗问之曰："妇奉箕帚而已，何乃过珍丽乎！"对曰："慈亲垂爱，不敢违命。君荣欲慕鲍宣、梁鸿之高者，妾亦请从少君、孟光之事矣。"

　　《汉书》九十六下《西域·乌孙传》云：汉元封中，遣江都王建女细君为公主以妻焉。赐乘舆服御物，为备官属宦官侍御数百人，赠送甚盛。

有俭。

《后汉书》八十三《逸民·戴良传》云：良五女并贤，每有求姻，辄便许嫁，疏裳布被竹笥木屐以遣之。

《北堂书钞》引《汝南先贤传》曰：戴良嫁女，以竹方笥为严器。

豪家有媵以侍婢者。

《后汉书》八十四《列女·鲍宣妻传》云：装送资贿甚盛，宣不悦，谓妻曰："少君生富骄，习美饰；而吾实贫贱，不敢当礼。"妻曰："大人以先生修德守约，故使贱妾侍执巾栉。既奉承君子，唯命是从。"宣笑曰："能如是，是吾志也。"妻乃悉归侍御服饰，更著短布裳，与宣共挽鹿车归乡里。

《东观汉记》十八《朱晖传》云：为郡督邮，太守阮况当嫁女，欲买晖婢，晖不与。

《华阳国志》卷十下云：礼珪，成固陈省妻也，生二男，长娶张度辽女惠英，少娶荀氏，皆贵家豪富，从婢七八，资财自富。

大抵汉人嫁娶多失于奢靡，故识者恒以为讥云。

  《盐铁论·国病篇》云：葬死殚家，遣女满车。富者欲过，贫者欲及，富者空减，贫者称贷。
  《汉书》二十八下《地理志》记秦俗云：嫁娶尤崇侈靡。
  《汉书》七十二《王吉传》云：世俗聘妻送女无节，则贫人不及，故不举子。

女将行，家长致戒。

  《汉书》四十《陈平传》云：张负卒与女，负戒其孙曰："毋以贫故事人不谨！事兄伯如事乃父，事嫂如事乃母！"

既行，家人送之。

  《东观汉记》七《城阳恭王祉传》云：祉初名终，父敞为嫡子娶翟宣子女习为妻，宣使嫡子姬送女入门。

豪家往往车軿骆驿，奴僮夹引。

  《潜夫论》三《浮侈篇》云：富贵嫁娶，车軿各十，骑奴侍僮夹毂节引，富者竞欲相过，贫者耻不逮及。汪继培云：各

第一章 婚姻

十当为骆驿。

婚曰,夫家受宾客之贺,

《汉书》五十二《田蚡传》云:蚡取燕王女为夫人,太后诏召列侯宗室皆往贺。婴过夫,强与俱。酒酣,蚡起为寿。

《汉书》九十九《王莽传》云:莽兄永有子光,年小于莽子宇,莽使同日内妇,宾客满堂。

《初学记》十四引蔡邕《协和婚赋》云:良辰既至,婚礼以举,二族崇饰,威仪有序,嘉宾僚党,祈祈云聚,车服照路,骖骓如舞。

飨客以酒肉。

《汉书》七《宣帝纪》云:五凤二年秋八月,诏曰:夫婚姻之礼,人伦之大者也;酒食之会,所以行礼乐也。今郡国二千石或擅为苛禁,禁民嫁娶不得具酒食为贺召,由是废乡党之礼,令民无所乐,非所以导民也。勿行苛政!

《汉书》四十《陈平传》云:张负卒予子,为平贫,乃假贷币以聘,予酒肉之资以内妇。

《华阳国志》三《蜀志》云:资我丰土,家有盐铜之利,户专山川之才,居给人足,以富相尚,娶嫁设太牢之厨膳,妇女有百两之徒车。

而为之宾客者，往往饮酒欢笑，言行无忌，如近世闹新房之所为者，汉时即已有之。

　　《群书治要》引仲长统《昌言》云：今嫁娶之会，捶杖以督之戏谑，酒醴以趣之情欲，宣淫泆于广众之中，显阴私于族亲之间，汙风诡俗，生淫长奸，莫此之甚，不可不断者也。

甚至有以缚捶之故至于杀人者。

　　《意林》及《太平御览》八百四十六引《风俗通》云：汝南张妙会杜士。士家娶妇，酒后相戏，张妙缚杜士捶二十下，又悬足指，士遂至死。鲍昱《决事》云：酒后相戏，原其本心，无贼害之意，宜减死。树达按：会谓妻。

灵帝时，更有作魁櫑唱挽歌之俗。

　　《续汉书·五行志》注云：灵帝时，京师宾婚嘉会，皆作魁櫑，酒酣之后，续以挽歌。魁櫑，丧家之乐；挽歌，执绋相偶和之者。天戒若曰：国家当急殄瘁，诸贵乐皆死亡也。

若权贵娶妻，则郡国皆遣使致礼庆。

《后汉书》八十三上《方术·李郃传》云：时大将军窦宪纳妻，天下郡国皆有礼庆，郡亦遣使。

已婚三月，妇见于祖庙。

《汉书》九十七下《孝平王皇后传》云：皇后立三月，以礼见高庙。

第三节　婚年

男女之年以相配为主，大率以男稍长于女为常。

《汉书》六十八《霍光传》云：光长女为桀（上官桀）子安妻，有女，年与帝（昭帝）相配，桀因帝姊鄂邑盖主内安女后宫，为婕妤。数月，立为皇后。又九十七《外戚·孝昭上官后传》云：昭帝始立，年八岁。安女入为婕妤，月余，遂立为皇后，年甫六岁。

《后汉书》七十六《循吏·任延传》云：骆越之民无嫁娶礼法，延乃移书属县，各使男年二十至五十，女年十五至四十，皆以年龄相配，同时相娶者二千余人。

男年十六女年十四而人道通，

　　《汉书》九十九《王莽传》上云：其秋，莽以皇后有子孙瑞，通子午道，张晏曰：时年十四，始有妇人之道也。

而男子有年十五而娶者。

　　《后汉书》八《灵帝纪》云：建宁四年四月癸丑，立贵人宋氏为皇后。树达按：帝于建宁元年即位，年十二，是年年十五岁。

　　《后汉书》九《献帝纪》云：兴平二年夏四月甲午，立贵人伏氏为皇后。树达按：帝九岁即位，越六年立后，年十五岁。

有十六而娶者。

　　《汉书》六十三《武五子传》云：戾太子据，元狩元年立为皇太子，年七岁矣。元鼎四年，纳史良娣。树达按：元狩元年己未，戾太子七岁，则当生于武帝元朔元年癸丑。至元鼎四年戊辰，年十六岁。是戾太子以十六岁结婚也。

　　《后汉书》七《桓帝纪》云：建和元年秋七月乙未，立皇后梁氏。树达按：桓帝年十五岁即位，是年年十六岁。

有十八而娶者。

《隶释》十五《金广延母徐氏纪产碑》云：收从孙，即广延，立以为后，年十八，娶妇徐氏。

女子有年十三而嫁者。

《后汉书》十上《昭德马皇后纪》云：后从兄严不胜忧愤，白太夫人绝窦氏婚，求进女掖庭，由是选后入太子宫，时年十三。奉承阴后，傍接同列，礼则修备，上下安之，遂见宠异。

有十四五而嫁者。

《汉书》九十七上《外戚传》云：宣帝求得外祖母王媪。王媪家本涿郡蠡吾平乡，年十四，嫁为同乡王更得妻。

《汉书》九十七上《孝宣许后传》云：许广汉有女平君，年十四五，当为内者令欧侯氏子妇。临当入，欧侯氏子死。

《蔡中郎集·太傅安乐侯胡公夫人灵表》云：年十有五，爰初来嫁。

《后汉书》八十四《曹世叔妻传》云：作女诫七篇，其辞曰：鄙人愚暗，受性不敏，蒙先君之馀宠，赖母师之典训，年十有四，执箕帚于曹氏。

有十六而嫁者。

《后汉书》十上《章德窦皇后传》云：梁贵人者，梁竦之女也。年十六，建初二年，亦与中姊俱选入掖庭，为贵人。

《后汉书》十上《和熹邓后传》云：永元八年冬，入掖庭为贵人，时年十六。

《西京杂记》二云：卓文君十七而寡。按：嫁年当在十七以前，以不可确知，附记于此。

有十七八而嫁者。

《后汉书》八十四《阴瑜妻传》云：南阳阴瑜妻者，颍川荀爽之女也。年十七，适阴氏。

古诗《孔雀东南飞》云：十七嫁为妇，心中常苦悲。

《论衡》三《骨相篇》云：丞相黄次公故为阳夏游徼，与善相者同车俱行，见一妇人，年十七八。相者指之，曰："此妇人当大富贵，为封侯者夫人。"次公止车审视之。相者曰："今此妇人不富贵，卜书不用也。"次公问之，乃其旁里人巫家子也。即娶以为妻。

第一章 婚姻

有十九而嫁者。

《后汉书》十上《光烈阴皇后传》云：更始元年六月，遂纳后于宛成当里，时年十九。

古礼所称男子三十而娶，女子二十而嫁者，皆不行焉。

《论衡》十八《齐世篇》云：礼虽言男三十而娶，女二十而嫁，法制张设，未必奉行。何以效之？以今不奉行也。

故王吉深讥嫁娶之太早云。

《汉书》七十二《王吉传》云：吉意以为："夫妇，人伦大纲，天寿之萌也。世俗嫁娶太早，未知为人父之道而有子，是以教化不明而民多夭。"

至若上官安之女，六岁立为皇后以待年，则后世童养媳之俗也。

《汉书》九十七《外戚传》云：安女遂立为皇后，年甫六岁。周寿昌云：虽立为后，亦待年也。

《后汉书》十下《献穆曹皇后传》云：建安十八年，操进三女宪、节、华为夫人，聘以束帛玄𫄸五万匹，小者待年于国。

按：此亦待年，附记于此。

第四节　重亲

婚姻之家复结婚姻，是为重亲。重亲有二：有姻家恒为姻家，婚家恒为婚家者。按：《仪礼·士昏礼》记云：女氏称昏，婿氏称姻。

《汉书》三十八《齐悼惠王传》云：懿王薨，子厉王次昌嗣，其母曰纪太后。太后取其弟纪氏女为王后，欲其家重宠。

《汉书》九十七下《外戚传》云：孝哀傅皇后，定陶太后从弟子也。树达按：傅后为定陶太后弟子晏之子，当云从孙，云弟子，误。哀帝为定陶王时，傅太后欲重亲，取以配王。

《汉书》九十六下《西域传》云：乌孙、昆弥因常惠上书：愿以汉外孙元贵靡为嗣，得令复尚公主，结婚重亲。

《后汉书》六十二《钟皓传》云：皓兄子瑾母，李膺之姑也。瑾好学慕古，有退让风，与膺同年，俱有声名。膺祖太尉修常言："瑾似我家性，邦有道不废；邦无道，免于刑戮。"复以膺妹妻之。

《后汉书》七十四下《刘表传》云：表二子，琦、琮，为琮娶其后妻蔡氏之侄。

第一章 婚姻

有彼此互为婚姻者。

《汉书》九十七上《外戚传》云：孝惠张皇后，宣平侯敖女也。敖尚帝姊鲁元公主，有女。惠帝即位，吕太后欲为重亲，以公主女配帝为皇后。

《汉书》五十五《卫青传》云：青有姊子夫，得幸武帝。又卫青尚帝姊阳信长公主，见前女子自主婚下。

《汉书》七十七《郑崇传》云：郑崇，高密大族也，世与王家相嫁娶。师古曰：郑氏女嫁王家，男娶王家。

《汉书》九十七上《外戚传》云：孝武陈皇后，长公主嫖女也。……陈午尚长公主，生女。武帝取主女为配，及即位，立为皇后。

因重亲之故而稽其行辈，有相当者。

《汉书》四十七《文三王传》云：梁荒王嘉薨，子立嗣。荒王女弟园子为立舅任宝妻。宝兄子昭为立后。按：此为三重婚姻。

梁荒王嘉 ══ 任宝姊妹　　任宝 ══ 园子 荒王女弟
　　　│
　　　立 ══ 昭 宝兄子

《后汉书》十九《耿弇传》云：父况，及况卒，少子霸袭父爵。弇卒，子忠嗣。忠卒，子冯嗣。冯卒，子良嗣，一名无禁，尚安帝妹濮阳长公主。隃糜侯霸卒，子文金嗣。文金卒，子喜嗣。喜卒，子显嗣。显卒，子援嗣，尚桓帝妹长社公主。……牟平侯舒卒，子袭嗣。尚显宗女隆虑公主。袭卒，子宝嗣，宝女弟为清河孝王妃。

《后汉书》二十三《窦融传》云：融长子穆尚内黄公主，穆子勋尚东海恭王疆女涅阳公主，友子固，亦尚光武女沘阳公主。

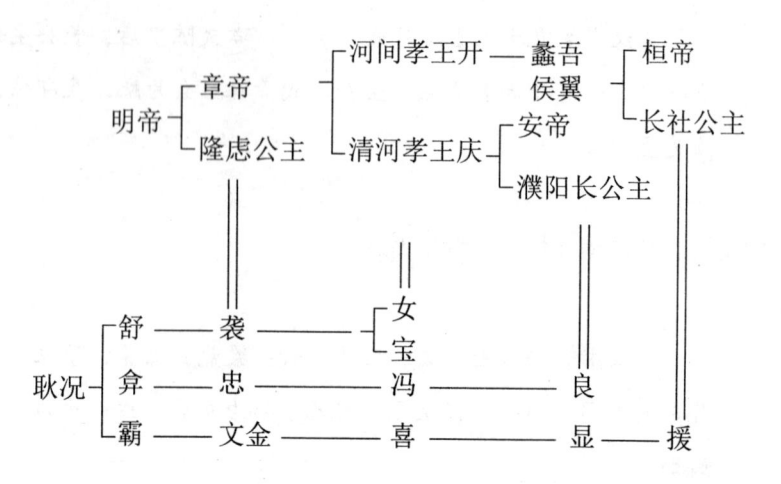

```
         ┌章帝────────┌河间孝王开──蠡吾   ┌桓帝
明帝─┤             ┤           侯翼──┤
         └隆虑公主    └清河孝王庆──安帝   └长社公主
                                     ──濮阳长公主
            ┌舒──袭──┬女
            │         └宝
耿况─┤弇──忠──冯──────良
            └霸──文金──喜──────显──援
```

树达按：内黄公主不知何人之女，不能考其行辈，余二婚行辈相当。

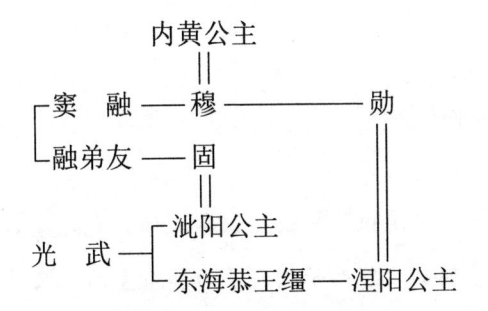

```
       ┌─内黄公主
       ║
┌窦 融──穆──────勋
└融弟友──固
       ║
光 武─┬─泚阳公主
      └─东海恭王缰──涅阳公主
```

《后汉书》二十六《伏湛传》云：晨以女孙为顺帝贵人，奉朝请位特进，卒，子无忌嗣。无忌卒，子质嗣。质卒，子完嗣，尚桓帝女阳安长公主，女为孝献皇后。

树达按：伏氏与汉皇族三婚，辈行皆相当。惟《东观汉记》十三《伏晨传》云：晨尚高平公主。高平公主不知何人之女，辈行相当否，不知。

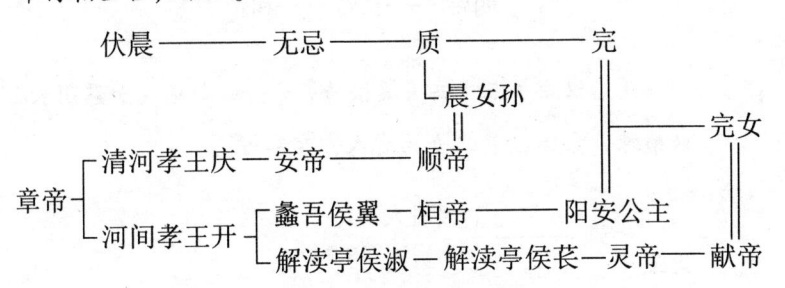

```
伏晨──────无忌──────质──────完
                     │                ║
                     └晨女孙           ║
                     ║                完女
                                      ║
章帝┬─清河孝王庆─安帝──────顺帝
    └─河间孝王开┬─蠡吾侯翼─桓帝──────阳安公主
                └─解渎亭侯淑─解渎亭侯苌─灵帝──献帝
```

《后汉书》二十六《冯勤传》云：勤七子，中子顺，尚平阳长公主。建初八年，以顺中子奋袭主爵为平阳侯。奋弟由，尚平安公主。

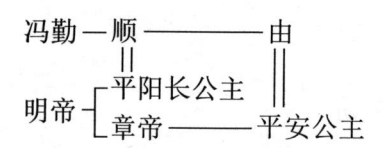

```
冯勤—顺————由
     ‖         ‖
明帝┬平阳长公主
    └章帝————平安公主
```

《后汉书》三十二《阴识传》云：识字次伯，光烈皇后之前母兄也。识卒，子躬嗣。躬弟子纲女子为和帝皇后。又《阴典传》云：兴字君陵，光烈皇后母弟也。兴弟就，就子丰，尚郦邑公主。

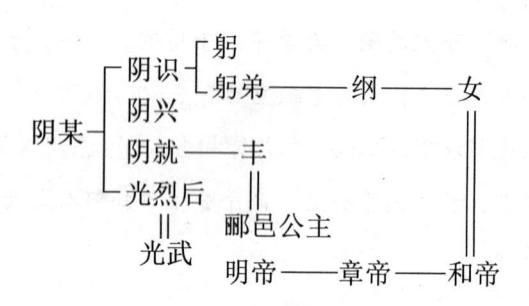

```
     ┌阴识——躬
     │    └躬弟————纲——女
阴某─┤阴兴                    ‖
     │阴就——丰                ‖
     │     ‖                  ‖
     └光烈后 郦邑公主           ‖
       ‖                      ‖
       光武  明帝——章帝——和帝
```

《后汉书》三十四《梁松传》云：松尚光武女舞阴长公主。松弟竦，肃宗纳其二女为贵人，生和帝。

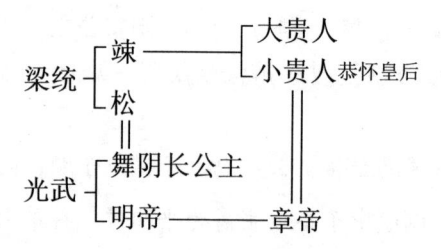

```
      ┌竦————┬大贵人
梁统─┤      └小贵人 恭怀皇后
      └松                ‖
         ‖               ‖
光武┬舞阴长公主          ‖
    └明帝————章帝
```

第一章 婚姻

有不相当者。或娶上辈之女子，如宣帝之娶霍后，则以叔祖母之姨母为妇也。

《汉书》九十七上《外戚传》云：孝昭上官皇后，祖父桀。……初，桀子安取霍光女，……有女，即霍光外孙。……安女子入为婕妤，月余，遂立为皇后。又云：孝宣霍皇后，大司马大将军博陆侯光女也。……初，许后五日一朝宣太后于长乐宫，亲奉案上食，以妇道共养。及霍后立，亦修许后故事。而皇太后，亲霍后之姊子，故常辣体敬而礼之。

树达按：宣帝乃昭帝之侄孙，上官后乃宣帝之叔祖母也。霍后则上官后之姨母也。

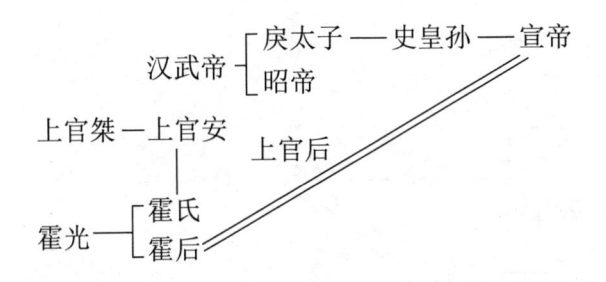

```
             ┌ 戾太子 ── 史皇孙 ── 宣帝
    汉武帝 ──┤
             └ 昭帝

上官桀 ── 上官安
              │
              上官后

         ┌ 霍氏
    霍光 ┤
         └ 霍后
```

中山孝王之娶卫姬，则以姨侄娶姨母为妇也。

《汉书》九十七下《外戚传》云：中山卫姬，平帝母也。父子豪。子豪女弟为宣帝婕妤，长女又为元帝婕妤。……成帝时，中山孝王无子，上以卫氏吉祥，以子豪少女配孝王，生平帝。

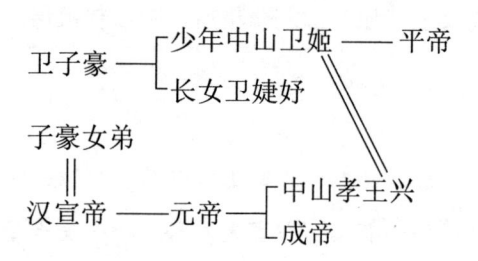

```
           ┌─ 少年中山卫姬 ── 平帝
卫子豪 ──┤
           └─ 长女卫婕妤
  子豪女弟
     ‖                    ┌─ 中山孝王兴
  汉宣帝 ──── 元帝 ──┤
                          └─ 成帝
```

成帝之娶许后,则以表侄娶表姑母为妇也。

  《汉书》九十七《外戚传》云:孝宣许皇后,元帝母也。又云:孝成许皇后,平恩侯嘉女也。

    树达按:宣许后为许广汉之女。许嘉为广汉弟延寿之子,于元帝则从母舅也。元帝以从母舅之女为子成帝之妇,成帝则以表侄娶表姑母也。

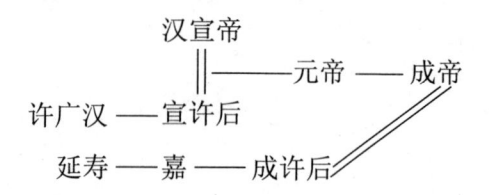

```
              汉宣帝
                ‖ ───── 元帝 ──── 成帝
许广汉 ── 宣许后
    延寿 ── 嘉 ── 成许后
```

灵帝之宋皇后,则亦以表侄娶表姑母为妇也。

  《后汉书》十下《皇后纪》云:灵帝宋皇后,讳某,肃宗宋贵人之从曾孙也。

    树达按:汪文台云:《御览》百三十七引《续汉书》作贵

第一章 婚姻

人之从孙。按：如《续汉书》之说，则以表姑祖母为妇矣。

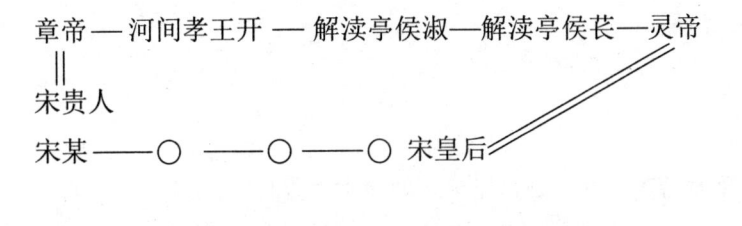

```
章帝——河间孝王开——解渎亭侯淑——解渎亭侯苌——灵帝
 ‖                                              ‖
宋贵人                                            ‖
宋某——○——○——○ 宋皇后
```

其娶下辈之女子者，惠帝取张敖之女，则以亲母舅娶甥女为妇也。

《汉书》九十七上《外戚传》云：孝惠张皇后，宣平侯张敖女也。敖尚帝姊鲁元公主，有女。惠帝即位，欲为重亲，以公主女配帝为皇后。

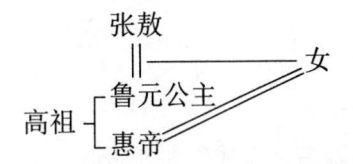

```
       张敖
        ‖————女
       鲁元公主
高祖 ┤
       惠帝
```

赵王恢娶吕产之女，则以表叔娶表侄女为妇也。

《汉书》三十八《高五王传》云：吕后徙恢王赵，……太后以吕产女为赵王后。按：恢为高祖之子，与吕后之兄子产为中表兄弟。恢妻产女，是以表叔娶表侄女为妻也。

```
高祖──赵王恢
 ‖       ╲
吕后      ╲
         ╲
吕后兄─吕产──女
```

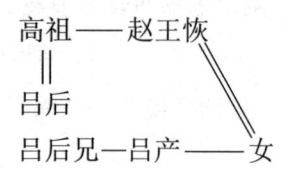

刘泽娶吕媭之女，则以兄弟之姨侄女为妻也。

《汉书》三十五《荆燕吴传》云：燕王刘泽，高祖从祖昆弟也。……太后女弟吕媭女为营陵侯（即刘泽）妻。按：吕媭之女，乃高祖之姨侄女也。

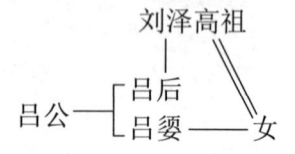

```
      刘泽高祖
         │
         │
吕公─┬─吕后  ╲
     └─吕媭──女
```

桓帝纳寇荣之从孙女于后宫，是以妹婿之女或侄女为偶也。

《后汉书》十六《寇荣传》云：荣桓帝时为侍中，从兄子尚帝妹益阳长公主，帝又聘其从孙女于后宫。

```
荣从兄────荣从兄子────荣从孙女
              ‖          ╲
         ┌─益阳长公主     ╲
蠡吾侯翼─┤                ╲
         └─桓帝════════════
```

士大夫之间，京房取张博之女，乃以师娶弟子之女为妻，亦此类也。

《汉书》七十五《京房传》云：淮阳宪王舅张博从房受学，以女妻房。

周制同姓不婚，而汉人则不避同姓云。

《汉书》六十六《王䜣传》云：䜣薨，子谭嗣。谭薨，子咸嗣。王莽妻即咸女。

《通典》云：吕后妹嫁于吕平。

第五节　绝婚

女子有已许婚而复绝者。

《后汉书》十上《明德马皇后纪》云：初，援征五溪蛮，卒于师，虎贲中郎将梁松、黄门侍郎窦固等因谮之，由是家益失执，又数为权贵所侵侮，后从兄严不胜忧愤，白太夫人绝窦氏婚。求进女掖庭。

有已嫁而复绝者,其事有二。有夫弃其妇者。

《汉书》四十四《衡山王赐传》云:太子女姊无采嫁,弃归。

《后汉书》三十六《范升传》云:后升为出妻所告,坐系。得出还乡里。

又七十九上《杨政传》云:范升尝为出妇所告,坐系狱。

其故,或以口舌。

《汉书》四十《陈平传》云:平与兄伯居。伯常耕田,纵平使游学。平为人长大,美色。人或谓:"平贫,何食而肥若是?"其嫂疾平之不亲家生产,曰:"亦食糠覈耳!有叔如此,不如无有。"伯闻之,逐其妇弃之。按:古有七弃,其一云:"口舌弃,离亲也。"瞿君宣颖云:"此合于口舌弃之条。"是也。

或以嫉妒。

《汉书》九十八《元后传》云:元后母,适妻,魏郡李氏女也,后以妒去。树达按:七弃之一云:"嫉妒弃,乱家也。"

《后汉书》二十八下《冯衍传》云:衍娶北地任氏女为妻,悍忌,不得畜媵妾,儿女常自操井臼,老竟逐之。章怀注云:

第一章 婚姻

《衍集》载衍《与妇弟任武达书》曰：天地之性，人有喜怒；夫妇之道，义有离合。先圣之礼，士有妻妾，虽宗之眇微，尚欲逾制，年衰岁暮，恨入黄泉，遭遇嫉妒，家道崩坏。五子之母，尚足在门，五年以来，日盛岁剧，以白为黑，以非为是，造作端末，妄生首尾，无罪无辜，谗口嗷嗷，乱匪降天，生自妇人，青蝇之心，不重破国；嫉妒之情，不惮丧身。牝鸡之晨，惟家之索，古之大患，今始于衍。醉饱过差，辄为桀纣，房中调戏，布散海外。张目抵掌，以有为无。痛彻苍天，毒流五脏，愁令人不赖生，忿令人不顾祸，入门著床，继嗣不育，纺绩织纴，子无女工，家贫无僮，贱为匹夫，故儿见之，莫不凄怆，曾无悯惜之恩。惟一婢，武达所见，头无钗泽，面无脂粉，形骸不蔽，手足抱土，不原其穷，不揆其情，跳梁大叫，呼若入冥，贩糖之妾，不忍其态。计妇当去久矣，念儿曹小，家无他使，哀怜姜豹，当为奴婢，恻恻焦心，事事腐肠，汹汹藉藉，不可听闻，暴虐此婢，不死如发，半年之间，脓血横流，婢病之后，姜竟春炊，豹又触冒泥涂，心为怆然，编谷放散，冬衣不补，端坐化乱，一缕不贯，既无妇道，又无母仪，忿见侵犯，恨见狼藉，依倚郑令，如居天上，持质相劫，词语百车，剑戟在门，何暇有让；百弩环舍，何可强复，举宗达人解说，词如循环，口如布谷，县幡竟天，击鼓动地，心不为恶，身不为摇，宜详居错，且自为计，无以上书告诉相恐，狗吠不惊，自信其情。不去此妇，则家不宁；不去此妇，则家不清；不去此妇，则福不生；不去此妇，则事不成。自恨以华盛时不早自定，至于垂白家贫身贱之日，养痈长疽，自生祸殃。衍以家室纷然之故，捐弃衣冠，侧身山野，绝交游之路，杜仕宦之门，阖门不出，心专耕耘，以求衣食，何敢有功名之路哉！

或以无子。

《东观汉记》十九《应顺传》云：顺少与同郡许敬善，敬家贫亲老，无子，为敬去妻更娶。树达按：七弃之一云："无子弃，绝世也。"

或以盗窃。

《汉书》七十二《王吉传》云：吉少时学问，居长安，东家有大枣树，垂吉庭中，吉妇取枣以啖吉。吉后知之，乃去妇。树达按：七弃之一云："盗窃弃，反义也。"瞿君宣颖云："此合于盗窃弃之条。"是也。

或以不得于父母。

《后汉书》二十九《鲍永传》云：永事后母至孝，妻尝于母前叱狗，而永即去之。

《后汉书》八十四《列女·广汉姜诗妻传》云：诗事母至孝，妻奉顺尤谨。母好饮江水，去舍六七里，妻尝沂流而汲，后值风，不时得还。母渴，诗责而遣之。

　　古诗《孔雀东南飞》序云：汉末建安中，庐江府小吏焦仲卿妻刘氏为仲卿母所遣。诗略云：孔雀东南飞，五里一徘徊。十三能织绮，十四学裁衣，十五弹箜篌，十六诵书诗，十七嫁为妇，心中常苦悲。君既为府吏，守节情不移，贱妾留空房，相见常日稀。鸡鸣入机织，夜夜不得息，三日断五匹，大人故言迟，非为织作迟，君家妇难为。妾不堪驱使，徒留无所施，便可白公姥，及时相遣归。府吏得闻之，堂上启阿母，儿已薄禄相，幸复得此妇，结发同枕席，黄泉共为友，共事三二年，始尔未为久，女行无偏斜，何意致不厚！阿母谓府吏：何乃太区区！此妇无礼节，举动自专由，吾意久怀忿，汝岂得自由！东家有贤女，自名秦罗敷，可怜体无比，阿母为汝求。便可速遣之，遣去慎莫留！府吏长跪告，伏惟启阿母，今若遣此妇，终老不复取。阿母得闻之，槌床便大怒，小子无所畏，何敢助妇语！吾已失恩义，会不相从许。府吏默无声，再拜还入户，举言谓新妇，哽咽不能语，我自不驱卿，逼迫有阿母。卿但暂还家，吾今且报府，不久当归还，还必相迎取，以此下心意，慎勿违我语！

或以不德。

《华阳国志》十中《广汉士女赞》云：汝敦妻某。敦兄弟共居，有父母时财，嫂心欲得，妻劝送二兄，敦尽让田宅奴婢与兄，自出居。后敦耕，得金一器，妻复劝送二兄，夫妻共往。嫂性吝啬，谓欲借贷，甚不悦。及见金，踊跃。兄感悟，即出妻，让财还弟。

《太平御览》四百三，又六百九十一，又四百九十一引《会稽典录》云：郑弘为灵文乡啬夫，乡民有弟用兄钱者，为嫂所责，未还，嫂诣弘诉之，弘卖中单（原注，即今之汗衫也。）为叔还钱。兄闻之，惭愧，自系于狱，遣其妇，赍钱还弘，弘不受。

或以婚家不道。

《汉书》六十八《金日䃅传》云：宣帝即位，赏为太仆。霍氏反事萌芽，上书去妻。

亦有以欲攀援势家之故而去其妻者。

《后汉书》六十八《郭太传》云：黄允以隽才知名。司徒袁隗欲为从女求姻，见允而叹曰："得婿如是，足矣！"允闻而黜遣其妻夏侯氏。妇谓姑曰："今当见弃，方与黄氏长辞，乞一会亲属以展离决之情。"于是大集宾客三百余人,妇中坐攘袂数允隐匿秽恶十五事。言毕,登车而去,允以此废于时。

有一绝再绝者。

《后汉书》二十八下《冯衍传》注引衍与宣孟书云:居室之义,人之大伦,恩厚欢和之节,乐定金石之固。又自伤前遭不良,比有去两妇之名,事诚不得不然,岂中心之所好哉!
《御览》四百三引《三辅决录》云:冯豹字仲文,母为父所出,后母遇之甚酷,豹事之愈谨。树达按:豹为衍之子,此所谓后母,即北地任氏女也。

其以一时政治关系而去其妻,

《后汉书》四十七《班超传》云:李邑始到于阗,而值龟兹攻疏勒,恐惧不敢前,因上书陈西域之功不可成,又盛毁超拥爱妻,抱爱子,安乐外国,无内顾心,超闻之,叹曰:"身非曾参而有三至之谗,恐见疑于当时矣。"遂去其妻。

又或迫于天子之命而遣其妇,皆特例也。

《御览》三百八十九引《三辅决录》云:窦叔高名元,为郡上计吏，朝会数百人，仪状绝众。天子异之，诏以公主妻之。出朝，同辈调笑焉。叔高时已自有妻，不敢以闻，方欲迎妇与诀，未发，而诏叔高就第成婚。

《白帖》云：后汉窦元形貌绝异，天子以公主妻之。旧妻与元书曰：弃妻斥女，敬白窦生，卑贱鄙陋，不如贵人。妾日已远，彼日已亲，何所告诉，仰呼苍天。悲哉窦生，衣不厌新，人不厌故，悲不可忍，怨不自去。彼独何人，而居我处。

又有妇或妇家求绝者，其故或以贫贱。

《汉书》六十四《朱买臣传》云：买臣家贫，好读书，不治产业，常艾薪樵，卖以给食。担束薪行且诵书，其妻亦负戴相随。数止买臣毋歌讴道中，买臣愈益疾歌。妻羞之，求去。买臣笑曰："我年五十当富贵，今已四十余矣。女苦日久，待我富贵报女功。"妻恚怒曰："如公等，终饿死沟中！何能富贵！"买臣不能留，即听去。

或以夫不才。

《汉书》三十二《张耳传》云：外黄富人女甚美，庸奴其夫，亡邸父客。父客谓曰："必欲求贤夫，从张耳。"女听，为请决，嫁之。

或以夫恶疾。

《汉书·卫青传》云：平阳侯曹寿尚武帝姊阳信长公主。寿有恶疾，就国。按：后嫁卫青，详见女子自立婚条。

或以夫家家庭不睦云。

《汉书》八十二《王商传》云：前频阳耿定上书言："商与父傅通及女弟淫乱，奴杀其私夫，疑商教使。"章下有司，商私怨怼。商子俊欲上书告商。俊妻，左将军丹女，持其书以示丹。丹恶其父子乖迕，为女求去。

亦有女之父母欲绝婚而女子自身不肯者。

《后汉书》八十四《列女·许升妻传》云：吴许升妻者，吕氏之女也，字荣。升少为博徒，不理操行。荣尝躬勤家业以奉养其姑，数劝升修学，每有不善，辄流涕进规。荣父积忿疾升，乃呼荣，欲改嫁之，荣叹曰：命之所遭，义无离贰。终不肯归。

至若强他人去妻而妻以女。

《后汉书》二十三《窦融传》云：穆等以封在安丰，欲令姻戚悉据故六安国，遂矫称阴太后诏，令六安侯刘盱去妇，因以女妻之。五年，盱妇家上书言状，帝大怒，乃尽免穆等官。

及女子之父母强夺其女而归，皆希见之事也。

《汉书》九十七《外戚·孝景王皇后传》云：臧儿长女嫁为金王孙妇，生一女矣，而臧儿卜筮，曰："两女当贵。"欲倚两女，夺金氏。金氏怒，不肯，与决，乃纳太子宫。

妇去有复还者，或以邻里之请。

《汉书》七十二《王吉传》云：东家有大枣树，垂吉庭中，吉妇取枣以啖吉。吉后知之，乃去妇。东家闻而欲伐其树，邻里共止之，因固请吉，令还妇。里中为之语曰："东家有树，王阳妇去；东家枣完，去妇复还。"

或以夫家之改悔云。

《后汉书》八十四《列女·姜诗妻传》云：妻尝沂流而汲，后值风，不时得还，母渴，诗责而遣之。妻乃寄止邻舍，昼夜纺绩，市珍羞，使邻母以意自遣其姑。如是者久之。姑怪问邻母，邻母具对，姑感惭，呼还，恩养愈谨。

第六节 改嫁改娶

夫死，妇往往改嫁。

《汉书》四十《陈平传》云：户牖富人张负有女孙，五嫁，夫辄死，人莫敢取，平欲得之。张负既见之丧所，独伟视平，卒与女。

《汉书》八十三《薛宣传》云：敬武长公主寡居，上令宣尚焉。

《汉书》九十七上《外戚传》云：宣帝求得外祖母王媪。王媪家本涿郡蠡吾平乡，年十四，嫁为同乡王更得妻。更得死，嫁为广望王廼始妇。

《汉书》九十七下《外戚传》云：孝元傅昭仪，父，河内温人，蚤卒。母更嫁为魏郡郑翁妻。

扬雄《答刘歆书》云：临邛林闾翁孺往数岁死。妇，蜀郡掌氏子，无子而去。

《后汉书》二十六《宋弘传》云：时帝姊湖阳公主新寡，帝与共论朝臣，微观其意，主曰："宋公威容德器，群臣莫及。"帝曰："方且图之。"后弘被引见，帝令主坐屏风后，因诏弘曰："谚言贵易交，富易妻，人情乎？"弘曰："臣闻贫贱之交不可忘，糟糠之妻不下堂。"帝顾谓主曰："事不谐矣。"

虽有子女亦然。

《汉书》九十七上《外戚传》云：孝景王皇后，父王仲，母臧儿，为仲妻，生男信与两女而仲死。臧儿更嫁为长陵田氏妇。

且有携其子女往改嫁之家者。

《后汉书》十下《桓帝邓后传》云：桓帝邓皇后讳猛女，和熹皇后从兄子邓香之女也。母宣，初适香，生后，改嫁梁纪。后少孤，随母为居，因冒姓梁氏。

亦有夫死，妇年少，父母欲改嫁之而女子不听者。

《汉书》九十七下《外戚·孝平王皇后传》云：平帝崩，莽立孝宣帝玄孙婴为孺子，尊皇后为皇太后，太后时年十八矣。为人婉㜏，有节操。自刘氏废，常称疾不朝会。莽敬惮伤哀，欲嫁之，乃更号为黄皇室主。令立国将军成新公孙建世子豫饰将医往问疾。后大怒，笞鞭其旁侍御，因发病，不肯起，莽遂不复强也。

《后汉书》十下《灵思何皇后纪》云：唐姬，颍川人也。

王荟,归乡里,父会稽太守瑁欲嫁之,姬誓不许。

有女子不从至于涉讼者。

《太平御览》四百四十一引杜预《女记》云:徐淑丧夫守寡,兄弟将嫁之,为书曰:盖闻君子导人以德,矫俗以礼,是以烈士有不移之志,贞女无回贰之行。淑虽妇人,窃慕杀身成义,死而后已。凤遘祸罚,丧其所天,男弱未冠,女幼未笄,是以俛俯求生,将欲长育二子,上奉祖宗之嗣,下继祖祢之礼,然后觐于黄泉,永无惭色。仁兄德弟既不能厉高节于弱志,发明明于暗昧,许我他人,逼我于上,乃命官人讼之简书。夫智者不可恶以事,仁者不可胁以死。晏婴不以白刃临颈改正直之辞,梁寡不以毁形之痛忘执节之义。高山景行,岂不思齐!计兄弟不能匡我以道,博我以文,虽曰既学,吾谓之未也!

《华阳国志》十《蜀郡士女赞》云:贡罗,郭罗倩女,景奇妻也。奇早亡,无子,父愍其年壮,以许同郡何诗。贡罗白父书誓不还家,父使诗乃白州,州告县逼遣之,罗乃诉州,刺史高而许之。

有被迫至于毁形者。

《华阳国志》十《蜀郡士女赞》云:公乘会妻,广都张氏女也。夫早亡，无子，姑及兄弟欲改嫁之，张誓不许，而言之不止，乃断发割耳，养会族子，事姑终身。

又十卷中《广汉士女赞》云：纪配，广汉殷氏女，廖伯妻也。年十六，适伯。伯早亡，以己有美色，虑人求己，作诗三章自誓心，而求者犹众。父母将许，乃断指明情，养子猛终义。

又云：彭非，广汉王辅妻也。王和，新都人，便敬妻也。李进娥，鄞人，冯季宰妻也。辅早亡，叔父欲改嫁，非乃诣太守五方，截发自誓。敬亦早亡，和养孤守义，蜀郡何玉因媒介求之，兄晓喻以公族可凭，和恚，割其一耳。季宰亦早亡，父母欲改嫁进娥，亦剪发自誓。各养子终义。

又《犍为士女赞》云：周度，僰道人也，相登妻。十九，登亡，中年令吴厚因人求之，断发以誓志。后人犹欲求之，乃割其鼻。

亦有被迫不已至于女子自杀者。

《后汉书》八十四《列女传》云：南阳阴瑜妻者，颍川荀爽之女也，名采，字女荀。年十七，适阴氏。十九产一女而瑜卒。采时丰少，常虑为家所逼，自防御甚固。后同郡郭奕丧妻，爽以采许之，因诈采称病笃召采。既不得已而归，怀刃自誓。爽令傅婢执夺其刃，扶抱载之，犹忧致愤激，敕卫甚严。女既到郭氏，乃伪为欢悦之色，谓左右曰："我本立志与阴氏同穴，而不免逼迫，遂至于此。素情不遂，奈何？"乃命使建四灯，

第一章 婚姻

盛装饰,请奕入,相见共谈,言辞不辍,奕敬惮之,遂不敢逼,至曙而出。采因敕令左右办浴,既入室而掩户,权令侍人避之,以粉书扉上曰:"尸还阴。"阴字未及成,惧有来者,遂以衣带自缢。左右玩之,不为意,比视已绝,时人伤焉。

《潜夫论》五《断讼篇》云:又贞絜寡妇,或男女备具,财货富饶,欲守一醮之礼,成同穴之义,执节坚固,齐怀必死,终无更许之虑。遭值不仁世叔,无义兄弟,或利其聘币,或贪其财贿,或私其儿子,则强中欺嫁,处迫胁、遣送,人有自缢房中,饮药车上,绝命丧躯,孤捐童孩,比犹胁迫人令自杀也。或后夫多设人客,威力胁载,守将抱执,连日乃缓,与强掠人为妻无异。妇人软弱,猥为众强所扶与执迫,幽扼连日,后虽欲复修本志,婴绢吞药。(下缺)

古诗《孔雀东南飞》序云:汉末建安中,庐江府小吏焦仲卿妻刘氏为仲卿母所遣,自誓不嫁,其家逼之,乃没水而死。诗云:……入门上家堂,进退无颜仪。阿母大拊掌,不图子自归!十三教汝织,十四能裁衣,十五弹箜篌,十六知礼仪,十七遣汝嫁,谓言无愆违。汝今何罪过?不迎而自归!兰芝惭阿母:儿实无罪过。阿母大悲摧。还家十余日,县令遣媒来,云有第三郎,窈窕世无双,年始十八九,便言多令才。阿母谓阿女:汝可去应之!阿女含泪答:兰芝初还时,府吏见丁宁,结誓不别离。今日违情义,恐此事非奇。自可断来信,徐徐更谓之。阿母白媒人:贫贱有此女,始适还家门,不堪吏人妇,岂合令郎君！幸可广问讯，不得便相许。媒人去数日，寻遣丞请还，说有兰家女，承籍有宦官，云有第五郎，娇逸未有婚，遣丞为媒人，主薄通语言，直说太守家，有此令郎君，既欲结大义，故遣来贵门。阿母谢媒人：女子先有誓，老姥岂敢言。阿兄得闻之，怅然心中烦，举言谓阿妹：作计何不量！先嫁得府吏，后嫁得郎君，否泰如天地，足以荣汝身。不嫁义郎体，其往欲何云？兰芝仰头答：理实如兄言。谢家事夫婿，中道还兄门，处分适兄意，那得自任专！虽与府吏要，渠会永无缘，登即相许和，便可作婚姻。媒人下床去，诺诺复尔尔，还部白府君：下官奉使命，言谈大有缘。府君得闻之，心中大欢喜，视历复开书，便利此月内，六合正相应，良吉三十日，今已二十七，卿可去成婚，交语速装束，骆驿如浮云，青雀白鹄舫，四角龙子幡，婀娜随风转，金车玉作轮，踯躅青骢马，流苏金镂鞍，赍钱三百万，皆用青丝穿，杂彩三百匹，交广市鲑珍。从人四五百，郁郁登郡门。阿母谓阿女：适得府君书，明日来迎汝。何不作衣裳？莫令事不举！阿女默无声，手巾掩口啼，泪落便如泻。移我琉璃榻，出置前窗下，左手持刀尺，右手执绫罗，朝成绣夹裙，晚成单罗衫。晻晻日欲暝，愁思出门啼，府吏闻此变，因求假暂归。未至二三里，摧藏马悲哀，新妇识马声，蹑履相逢迎，怅然遥相望，知是故人来。举手拍马鞍，嗟叹使心伤：自君别我后，人事不可量，果不如先愿，又非君所详。我有亲父母，逼迫兼弟兄，以我应他人，君还何所望！府吏谓

第一章 婚姻

新妇：贺卿得高迁，磐石方且厚，可以卒千年；蒲苇一时纫，便作旦夕间。卿当日胜贵，吾独向黄泉。新妇谓府吏：何意出此言！同是被逼迫，君尔妾亦然。黄泉下相见，勿违今日言！执手分道去，各各还家门，生人作死别，恨恨那可论！念与世间辞，千万不复全。府吏还家去，上堂拜阿母，今日大风寒，寒风摧树木，严霜结庭兰，儿今日冥冥，令母在后单，故作不良计，勿复怨鬼神！命如南山石，四体康且直。阿母得闻之，零泪应声落：汝是大家子，仕宦于台阁，慎勿为妇死，贵贱情何薄！东家有贤女，窈窕艳城郭，阿母为汝求，便复在旦夕。府吏再拜还，长叹空房中，作计乃尔立，转头向户里，渐见愁煎迫。其日牛马嘶，新妇入青庐。庵庵黄昏后，寂寂人定初，我命绝今日，魂去尸长留。揽裙脱丝履，举身赴清池。府吏闻此事，心知长别离，徘徊庭树下，自挂东南枝。两家求合葬，合葬华山傍，东西植松柏，左右种梧桐，枝枝相覆盖，叶叶相交通。中有双飞鸟，自名为鸳鸯，仰头相向鸣，夜夜达五更。行人驻足听，寡妇起彷徨，多谢后世人，戒之慎勿忘。

《华阳国志》十《蜀郡士女赞》云：助陈，临邛陈氏女，犍为杨凤珪妻也。凤珪亡，养遗生子守节，兄弟必欲改嫁，乃引刀割咽，宗族骇之，几死，遂全其义。

又云：元常，广都令常良女，适广汉便敬宾，早亡。元常无子，养宾族子，父母欲嫁，乃祝刀誓志而死。

又云：玹何，郫何氏女，成都赵宪妻也。宪早亡，无子，父母欲改嫁。何愤恚自幽，乃不食，旬日而死。郡县为立石表。

又《广汉士女赞》云：正流，广汉李元女，杨文妻也。适文，有一男一女而文没。父欲改嫁，乃自沉水中。宗族救之，几死，得免。太守五方为之图像。

又云：相乌，德阳人，袁雏妻也。十五，适雏；二十，雏亡，无子。父母欲改嫁之，便自杀。

又云：袁福，亦德阳人，王上妻也；有二子，上以丧亲过哀死，袁福感终身。父母欲改嫁，乃自杀。

又《犍为士女赞》云：曹敬姬，南安人也。周纪之妻。十七，出适；十九纪亡，遗生子元馀。服阕，父母以许孙宾，绐母病，迎还，知之，自投水。人赴之，气亡绝，一日一夜乃苏息。送依纪弟居，训导元馀，号为学士，年九十卒。

又《犍为士女赞》云：贞瑛，宇琼玉，牛鞞程氏女，张惟妻也。十九，适惟，未期，惟亡，无子，养兄子悦。资中王冲欲娶瑛，瑛叔父肱答以女志不可夺。冲为太守李严督邮，严记县遣孝义掾奉羔雁宣太守命聘之。瑛乃自投水，救援不死。

又云：韩姜，僰道人，尹仲让妻也。二十，让亡。服除，资中董台因从事王为表弟求姜，不许。台门生左习王苏以为姜可夺，教姜家言母病迎还，韩氏因逼成婚。姜闻，故自杀。太守巴郡弓杨哀闻之，杀习苏以报姜死。

又《梓潼郡士女赞》云：杜慈，涪杜季女，巴郡虞显妻也。十八，适显，显亡，无子。季欲改嫁与同县杨上。慈曰：受命虞氏，虞氏早亡，妾之不幸，当生事贤姑，愿不易图。季知不可言而夺也，乃密谋与强逼迫之，慈缢而死。

其他，有以离弃而改嫁者。

《汉书》六十四《朱买臣传》云：妻求去，买臣不能留，即听去。其后买臣独行歌道中，负薪墓间，故妻与夫家俱上冢，见买臣饥寒，呼饭饮之。……买臣入吴界，见其故妻，妻夫治道。买臣驻车，呼令后车载其夫妻到太守舍，置园中，给食之。居一月，妻自经死。

《汉书》九十八《元后传》云：元后母，适妻魏郡李氏女也。后以妒去，更嫁为河内苟宾妻。

有以夫久出不归而改嫁者。

《汉书》五十四《苏武传》云：李陵谓武曰："子卿（按武字子卿）妇年少，闻已更嫁矣。独有女弟二人两女一男。"

《华阳国志》十《蜀都士女》云：禽坚父信为县使越巂，为夷所得，传卖历十一种。时坚方妊六月，生母更嫁。树达按：《志》十二云：孝廉禽坚字孟由，驰名后汉。

有以特异之故改嫁者。

　　《意林》及《太平御览》三百八十一，又八百八十三引《风俗通》云：汝南周霸字翁仲，为太尉掾，妇于乳舍生女，自毒无男，时屠妇比卧，得男，因相与私货易，裨钱数万。后翁仲为北海相，吏周光能见鬼，署为主簿，使还致敬于本郡县，因告光曰：事讫，腊日，可与小儿俱上冢。去家经十三年，不躬烝尝，主簿微察知相先君宁息会同饮食忻娱否。往到于冢上，郎君沃酹，主簿俯伏在后，但见屠者弊衣蠡结踞神坐，持刀割肉，有生时衣带青墨绶数人彷徨阴堂东西厢，不敢来前。光怪其故。还至，引见，问之，乞屏左右，起造于膝前，白事状如此。翁仲曰：主簿出，勿言！因持剑上堂，问妪：女何以养此子？妪大怒，曰：君常言：儿体质声气喜学似我。老公欲死，为作狂语。翁仲具告之，曰：祀祭如此，不具服，子母立截。妪辞穷情竭，泣涕具陈其故。时子年已十八，呼与辞决，曰：凡有子者，欲以承先祖，先祖不享血食，无可奈何。自以衣裘僮仆车马迎取其女。女嫁为卖饼子妇，后适安平李文思，文思官至南阳太守。翁仲便养从弟子熙，为高邑令。

又有已改嫁，后复归初嫁之夫者。

　　《汉书》九十八《元后传》云：元后母更嫁为河内苟宾

妻,……生一男,名参,寡居。顷侯禁在时,太后令禁还李亲。太后怜参,欲以田蚡为比而封之,上曰:"封田氏非正也。"以为参侍中水衡都尉。按:成帝封田非正一语,颇透漏当时人对于再嫁问题之心理。

《华阳国志》十《蜀郡士女赞》云:禽坚壮,乃知父湮没,乃至夷中,得父,即将父归,迎母致养。

妇死,夫以再娶为常。

《汉书》八十三《薛宣传》云:宣后封为侯时,妻死;而敬武长公主寡居,上令宣尚焉。

亦有不再娶者,其故或预虑家庭变故。

《汉书》七十二《王吉传》云:吉子骏为少府时,妻死,因不复娶。或问之,骏曰:"德非曾参,子非华元,亦何敢娶!"
《风俗通》二《正失篇》云:伯楚名彭,贺早失母,不复继室,云:"曾子失妻而不娶,曰:吾不及尹吉甫,子不如伯奇。以吉甫之贤,伯奇之孝,尚有放逐之败,我何人哉!"

或以感前妻恩义。

　　《后汉书》八十四《列女传》云：犍为盛道妻者，同郡赵氏之女也，字媛姜。建安五年，益部乱，道聚众起兵，事败，夫妻执系当死。媛姜夜中告道曰："法有常刑，必无生望。君可速潜逃，建立门户，妾自留狱，代君塞咎。"道依违未从，媛姜便解道桎梏，为赍粮货。子翔时年五岁，使道携持而走，媛姜代道持夜，应对不失。度道已远，乃以实告吏，应时见杀。道父子会赦得归，道感其义，终身不娶焉。

　　《华阳国志》十《犍为士女赞》云：赵媛姜，资中人盛道妻也。建安五年，道坐过，夫妇闭狱，子翔，方年五岁。姜谓道曰："官有常刑，君不得已矣。妾在，复何益君门户！君可同翔亡命，妾代君死，可得继君宗庙。"道依违数日，姜苦言劝之，遂解脱给衣粮，使去，代为应对，度走远，乃告，吏杀之。后遇赦，父子得还，道虽仕宦当世，痛感终不更娶。

或以淡于情欲云。

　　《后汉书》五十四《杨秉传》云：秉性不饮酒，又早丧夫人，遂不复娶，所在以淳白称。尝从容言曰："我有三不惑，酒色财也。"

他有以特异之变故而改娶者。

《通典》八十九虞聘议引《风俗通》云：黄昌为蜀郡太守，得所失妇，便为正室，使后妇下之。树达按：昌得失妇事，见《御览》三百七十二引《会稽典录》。昌得失妇时有后妇，是昌失妇后尝更娶矣。

有以富贵而改娶者。

《后汉书》二十六《宋弘传》云：时帝姊湖阳公主新寡，帝与共论朝臣，微观其意，主曰："宋公威容德器，群臣莫及。"帝曰："方且图之。"后弘被引见，帝令主坐屏风后，因谓弘曰："谚言贵易交，富易妻，人情乎？"弘曰："臣闻贫贱之交不可忘，糟糠之妻不下堂。"帝顾谓主曰："事不谐矣。"

《后汉书》十一《刘盆子传》云：光武谓徐宣等曰："诸卿大为无道，所过皆夷灭老弱，溺社稷，污井灶。然犹有三善。攻破城邑周遍天下，本故妻妇，无所改易，是一善也。"按：据此二事观之，汉时富贵易妻者多矣。

第七节 妾媵

男子于正妻之外，有小妻。

《汉书》五十一《枚乘传》云：乘在梁时，取皋母为小妻。乘之东归也，皋母不肯随。乘怒，分皋数千钱，留与母居。

《汉书》九十三《佞幸传》云：张彭祖为其小妻所毒，薨。

《汉书》九十三《淳于长传》云：许皇后姊孊为龙额思侯夫人，寡居。长与孊私通，因取为小妻。

《后汉书》十四《赵孝王良传》云：赵相奏乾居父丧私聘小妻，坐削中丘县。

《后汉书》二十三《窦融传》云：融女弟为大司空王邑小妻，家长安中，出入贵戚。

《后汉书》五十《陈敬王羡传》云：后钧取掖庭出女李娆为小妻。

又《乐成靖王党传》云：又取故中山简王傅婢李羽生为小妻。

《后汉书》五十六《陈球传》云：陈球小妻，程璜之女。

《东观汉记》七《彭城王恭传》云：恭子男丁前妻物故，子酺侮慢丁小妻。恭怒。

有小妇。

《汉书》九十八《元后传》云：王凤知其小妇弟张美人已尝适人，于礼不宜配御至尊。

《御览》六百三十九引《风俗通》云：沛郡有富家公，资二千二百余万，小妇子年裁数岁顷，失其母。

有少妇。

《后汉书》七十二《董卓传》云：卓朝服升车，既而马惊堕泥，还入更衣，其少妇止之，卓不从。

有傍妻。

《汉书》九十八《元后传》云：王禁有大志，不修廉隅，好酒色，多取傍妻。

有妾。

《西京杂记》云：司马相如将聘茂陵女为妾。

有下妻。

　　《汉书》九十九中《王莽传》云：又今月癸酉，不知何一子遮臣建车前，自称汉氏刘子舆，成帝下妻子也。

　　《后汉书》一下《光武纪》云：建武七年，诏吏人遭饥乱及为青徐贼所掠为奴婢下妻，欲去留者，恣听之，敢拘制不还，以卖人法从事！

　　又云：十三年，诏益州民自八年以来依托为人下妻欲去者恣听之。

有外妇。

　　《汉书》三十八《高五王传》云：齐悼惠王肥，其母，高祖微时外妇也。

有傅婢御婢。

　　《汉书》四十一《夏侯婴传》云：颇尚平阳公主，坐与父御婢奸，自杀。

　　《汉书》八十二《王商传》云：耿定上书言：商与父傅婢通及女弟淫乱。师古曰：傅谓傅婢也。

小妻傍妻有不止一人者。

《汉书》八十一《孔光传》云：时定陵侯淳于长坐大逆诛，长小妻廼始等六人皆以长事未发觉时弃去或更嫁。

《后汉书》五十《梁节王畅传》云：臣畅小妻三十七人。

《汉书》九十八《元后传》云：王禁好酒色，多取傍妻。

若无子买妾，盖寻常之事矣。

《意林》及《太平御览》三百八十八，又八百三十六引《风俗通》云：陈留有富室，公年九十无子，取田家女为妾。

第二章 丧葬

第一节 沐浴饭含

人初死,沐浴,陈尸于地。

　　《汉书》九十二《原涉传》云:人尝置酒请涉,涉入里门,客有道涉所知母病,避疾在里宅者。涉即往候,叩门,家哭,涉因入吊。问以丧事,家无所有。涉曰:"但絜扫除沐浴待!"涉还至主人,对宾客叹息曰:"人亲卧地不敢,涉何心乡此!愿撤去酒食!"宾客争问所当得,涉乃侧席而坐,削牍为疏,具记衣被棺木,下至饭含之物,分付诸客。诸客奔走市买,至日昃,皆会。涉亲阅视已,谓主人:"愿受赐矣。"既共饮食,涉独不饱。乃载棺物从宾客往至丧家,为棺敛,劳俫毕葬。

第二章 丧葬

《后汉书·礼仪志》下记大丧制云：登遐，沐浴如礼。

其敛也，有饭含。

《汉书》九十二《原涉传》云：具记衣被棺木下至饭含之物，分付诸客。

《后汉书》十下《孝崇匽皇后纪》云：后崩，敛以东园画梓寿器、玉匣、饭含之具，礼仪制度比恭怀皇后。

《后汉书》三十七《丁鸿传》云：鸿逃去，留书与弟盛曰："鸿贪经书，不顾恩义，弱而随师，生不供养，死不饭含，皇天先祖并不祐助，身被大病。"

饭含以玉石珠贝。

《汉书》六十七《杨王孙传》云：王孙为欲裸葬答祁侯书云：鬼之为言归也，其尸块然独处，岂有知哉！裹以币帛，隔以棺椁，支体络束，口含玉石，欲化不得，郁为枯腊。千载之后，棺椁朽腐，乃得归土就其真宅。

《后汉书》三十四《梁商传》云：商病笃，敕子冀等曰："吾以不德，享受多福，生无以补益朝廷，死必耗费帑藏，衣衾饭含玉匣珠贝之属，何益朽骨！"

《后汉书·礼仪志》下云：登遐，饭含珠玉如礼。

《后汉书·礼仪志》下注引《汉旧仪》云：帝崩，含以珠。

有由天子赐与者。

　　《后汉书》四十五《袁安传》云：逢卒于执金吾。朝廷以逢尝为三老，特优礼之，赐以珠画特诏秘器，饭含珠玉二十六品。
　　《隶释》十一《太尉刘宽碑》云：年六十有六，中平二年二月丁卯薨。天子闵悼，赐琀赗禭，有加典礼。

第二节　衣衾

缠尸以币帛。

　　《汉书》六十七《杨王孙传》云：裹以币帛，支体络束。
　　《后汉书·礼仪志》下记大丧云：守宫令兼东园匠将女执事黄绵缇缯、金缕玉柙如故事。注引《汉旧仪》云：帝崩，缠以缇缯十二重。

或以纩绵。

《后汉书》六十五《张奂传》云：奂光和四年卒。遗命曰：地底冥冥，长无晓期，而复缠以纩绵，牢以钉密，为不喜耳。

附身之物有衣。

《汉书》七十二《龚胜传》云：胜因敕以棺敛丧事："衣周于身，棺周于衣。"

《汉书》七十二《鲍宣传》云：邴相病死。莽太子遣使稅以衣衾。

有被。

《汉书》九十二《原涉传》云：具记衣被棺木。

虽婴儿亦然。

《后汉书》八十二下《方术·蓟子训传》云：尝抱邻家婴儿，故失手堕地而死。其父母悲号怨痛，不可忍闻，而子训唯谢以过误，终无它说，遂埋藏之。后月余，子训乃抱儿归焉。父母大恐，曰：死生异路，虽思我儿，乞不用复见也。儿识父母，轩渠笑悦，欲往就之，母不觉揽起，乃实儿也。虽大喜庆，心犹有疑，乃窃发视死儿，但见衣被，方乃信焉。

贵者有锦衣。

《后汉书》十六《邓骘传》云：弘初疾病，遗言，悉以常服，不得用锦衣玉匣。

《太平御览》八百十五引《桓谭新论》云：阳城子姓张，名衡，蜀郡人，王翁时，与吾俱为讲学祭酒。及寝疾，预买棺椁，多下锦绣，立被发冢。

有珠襦玉柙。

《汉书》九十三《董贤传》云：东园秘器，珠襦玉柙，豫以赐贤，无不备具。按：《后汉书·礼仪志》下注引《汉旧仪》云：珠襦以珠为襦，如铠状，连缝之，以黄金为缕。要以下玉为柙，长一尺二寸半为柙，至足，亦缝以黄金，为缕。

《后汉书》十下《孝崇匽皇后纪》云：后崩，敛以东园画梓寿器、玉匣、饭含之具，礼仪制度比恭怀皇后。

《后汉书》十六《邓骘传》云：弘疾病，遗言：不得用锦衣玉匣。

《东观汉记》十二《梁商传》云：商薨，赐东园辒车朱寿器、银缕黄玉匣。

玉匣或名玉衣。

《汉书》六十八《霍光传》云：光薨，赐金钱、缯絮绣被百领，衣五十箧，璧珠玑玉衣。

《后汉书》十九《耿秉传》云：秉卒，赐以朱棺玉衣。

珠襦玉匣本天子之制也。

《西京杂记》一云：汉帝送死皆珠襦玉匣，形如铠甲，连以金缕，武帝匣上皆缕为蛟龙鸾凤龟麟之象，世谓为蛟龙玉匣。

《后汉书·礼仪志》下纪大丧云：金缕玉柙如故事。

非天子赐，不得用，擅用者为僭。

《后汉书》四十三《朱穆传》云：有宦者赵忠丧父，归葬安平，僭为玙璠玉匣偶人。

凡用玉匣者，足以保存尸骸。

《后汉书》十一《刘盆子传》云：赤眉发掘诸陵，取其宝货，遂污辱吕后尸。凡贼所发，有玉匣殓者，率皆如生，故赤眉得多行淫秽。

虽外国王亦用之云。

《后汉书》八十五《东夷·夫余传》云：其王葬用玉匣，汉朝常豫以玉匣付玄菟郡，王死则迎取以葬焉。

俭者以常服。

《汉书》六十七《朱雲传》云：雲年七十余终于家。遗言以身服敛，棺周于身，土周于椁。

《东观汉记》十二《梁商传》云：商病笃，敕子冀等曰："气绝之后，即时殡敛，敛以时服，皆以故衣，无更裁制。"

《后汉书》六《顺帝纪》云：建康元年八月庚午，帝崩于玉堂前殿。遗诏敛以故服。

《后汉书》十六《邓骘传》云：弘初疾病，遗言悉以常服。

《后汉书》八十三《范冉传》云：冉临命，遗令敕其子曰："吾生于昏暗之世，值乎淫侈之俗，生不得匡世济时，死何忍自同于世！气绝便敛，敛以时服，衣足蔽形，棺足周身，敛毕便穿，穿毕便埋，其明堂之奠，干饭寒水饮食之物，勿有所下。坟封高下，令足自隐。知我心者，李子坚、王子炳也。今皆不在，制之在尔，勿令乡人宗亲有所加也！"

《蔡邕集·陈寔碑》云：临没顾命。时服素棺，椁财周椽。

《后汉纪》十八云：朱宠将卒，遗令云："身没之后，素棺殡敛，疏布单衣，无设绞冕。"

制被或以帛。

　　《乐浪》七十一叶云：旁棺腐朽尤甚；仅留绢片之痕迹，其他三棺，则有绢数层密著，为有机质泥化物所覆。图版一二二与一二三所示，皆东棺内发现之平织。棺内发现之绢布，以平织占大部分。有一糎平方经丝六十八、纬丝三十九之精品，亦有经丝四十四、纬丝三十四之粗品，此等皆衣服之残缺甚明。如图版一二二所示，一端尚留缝时针孔，可以证此而有余矣。又有一片，乃绢二枚连缝，其线尚在。树达按：据此节及以图版对照，此种绢块，不当如本书所说为衣服之残缺，而当为衾被之残缺也。盖汉人殡敛，必有衾被，衾被有表有里，故《霍光传》及《王贡两龚鲍传》名为复衾。大抵遣骸入棺之后，以衾覆之。故衾在上而衣在下。此在今俗犹如此。（今俗衾不止一枚，有七枚九枚多至十余枚者。）盖衣服与遗骸接近，易为有机物之流汁所污，不易保存。衾则以在遗骸之上，较与遗骸远隔，尤其在上层之衾，则与遗骸愈远，故保存之可能性，衾较衣为大。本书明云绢数层密著为泥化物所覆，泥物来自上方，知此绢布为在上层之物，是衾而非衣之证一也。衣有襞积屈曲，而衾为平面，衣中纵有平面，亦决不如衾平面面积之大。今观图版一二二、一二三、一二四所示，皆平面而中部无线缝，是衾而非衣之证二也。又图版一二二东、北二端边际皆有针孔，本书据以为衣物之证明，不知复衾表里之相连，亦当用针缝合。况北端边际针孔东西成一直线，东部残缺仅存，（其实北端亦残缺，非其全。）其针孔亦南北成一直线，而两针孔线之相交，正成一直角形，由此可推知原物乃方形，是衾非衣之证三也。又针孔之距离稀疏不密，若是衣服，不应如此，是衾非衣之证四也。

或以布。

　　《后汉书》五十四《杨震传》云：震谓其诸子门人曰："身死之日，以杂木为棺，布单被裁足盖形，勿归冢次，勿设祭祠！"因饮酖而卒。

贵者有绣被。

　　《汉书》六十八《霍光传》云：光薨，赐绣被百领。

被有单有复，单者为单被。

　　《后汉书》五十四《杨震传》云：见上。
　　《后汉书》六十四《赵岐传》云：岐建安六年卒，先自为寿藏，饬其子曰："我死之日，墓中聚沙为床，布簟白衣，散发其上，覆以单被。即日便下，下讫便掩。"

复者曰复衾。

《汉书》七十二《龚胜传》云：自昭帝时，涿郡韩福以德行征至京师，赐策书束帛遣归。诏曰：朕闵劳以官职之事，其务修孝弟以教乡里。行道，舍传舍，县次具酒肉食从者及马，长吏以时存问！常以岁八月赐牛一头，酒二斛。不幸死者，赐复衾一，祠以中牢。……胜死，使者太守临敛，赐复衾祭祠如法。

亦有遗令不设衣衿者。

《华阳国志》十下《景鸾传》云：及遗令期死，葬不设衣衿，务在节俭，甚有法度。

凡加衣于身纳尸于棺皆曰敛。敛有天子亲临者。

《后汉书》二十《姚期传》云：期卒，帝亲临襚敛，赠以卫尉安成侯印绶，谥曰忠侯。

有使者及地方长吏亲临者。

《汉书》七十二《龚胜传》云：胜死，使者太守临敛。

第三节　棺椁

盛尸以棺。

《汉书》七十二《龚胜传》云：胜敕以棺敛丧事：衣周于身，棺周于衣。

棺大小不一。天子之棺特大。

《汉旧仪》云：东园秘器作梓宫，素木长丈三尺，崇广四尺。

臣下次之。

《乐浪》云：各棺，东棺最小，棺心长六尺一寸余，宽约一尺四寸，高一尺四寸，厚约二寸五分之谱。中棺最大，棺心六尺五寸余，宽一尺五寸余，高几一尺五寸，材厚约三寸。西

第二章 丧葬

棺较东棺为大，棺心长六尺三寸，宽一尺五寸余，高一尺四寸余。厚约三寸。旁一棺，棺心长六尺五寸，宽约一尺一寸，高一尺四寸许。诸棺皆上略高，下略低。

又有小棺，或用以权敛。

《汉书》一下《高帝纪》云：八年十一月，令士卒从军死者，为槥，归其县，县给衣衾棺葬具。应劭曰："槥，小棺也。"臣瓒曰："初以槥致其尸于家，县官更给棺衣更敛之也。"
《后汉书》八十一《戴封传》云：封还京师卒业，时同学石敬平温病卒，封养视殡殓，以所赍粮市小棺送丧到家。家更敛，见敬平生时物皆在棺中，乃大异之。

或用诸藁葬云。

《汉书》九十七上《外戚传》云：孝武卫皇后自杀，黄门苏文、姚定汉舆置公车令空舍，盛以小棺，瘗之城南桐柏。

制棺通以木。

《汉书》八十九《黄霸传》云：鳏寡孤独有死无以葬者，霸具为区处：某所大木可以为棺，某亭猪子可以祭。

有樟。

《后汉书·礼仪志》下云：诸侯王公主贵人皆樟棺，洞朱，云气画；公特进樟棺，黑漆。

有檽梓豫章梗楠。

《盐铁论·散不足篇》云：今富者梓棺梗楠。

《潜夫论》三《浮侈篇》云：古之葬者厚衣之以薪，葬之中野，不封不树，丧期无时。后世圣人易之以棺椁，桐木为棺，葛采为缄，下不及泉，上不泄臭。后世以楸梓槐柏杶樗，各取方土所出，胶漆所致，钉细要，削除铲靡，不见际会，其坚足恃，其用足任，如此可矣。其后京师贵戚，必欲江南檽梓豫章梗楠，边远下士亦竞相仿效。夫檽梓豫章，所出殊远，又乃生于深山穷谷，经历山岑，立千步之高，百丈之溪，倾倚险阻，崎岖不便。求之连日，然后见之，伐斫连月然后讫，会众然后见动担，牛列然后能致水，淮溃入海，连淮逆河，行数千里然后到雒。工匠雕治，积累日月。计一棺之成功将千万夫，既其终用，重且万斤，非大众不能举，非大车不能挽，东至乐浪，西至敦煌，万里之中相竞用之，此之费功伤农，可为痛心。

《文选·齐敬皇后哀策文》注及《御览》五百五十引《风俗通》云：梓宫者，礼，天子敛以梓器。宫者，存时所居。缘生事亡，因以为名。

《群书治要》引崔寔《政论》云：送终之家亦无法度，至用檽梓黄肠。

有桐。

《后汉书》三十九《周磐传》云：磐令其二子曰："若命终之日，桐棺足以周身，外椁足以周棺，敛形悬封，濯衣幅巾。"

有杉。

《续汉书》十七《五行志》云：建安四年二月，武陵充县女子李娥年六十余，物故，以其家杉木槥敛瘗于城外数里。树达按：今湖湘间棺多用杉木，现此知汉已然矣。

有楷。

《说文解字》六篇上《木部》云：楷，梓属，大者可为棺椁，小者可为弓材。

有柏。

日本人在朝鲜所掘汉乐浪五官掾王盱墓四棺皆柏木,见《乐浪》二十二叶。

有杂木。

《后汉书》五十四《杨震传》云:震谓其诸子门人曰:身死之日,以杂木为棺。

俭者有瓦棺。

《后汉书》三十一《王堂传》云:堂年八十六卒,遗令薄敛,瓦棺以葬。

《西京杂记》六云:袁盎冢以瓦为棺椁,器物都无,唯有铜镜一枚。

《隶释》十四《汉张宾公妻穿中二柱文》,其一云:张伟伯子长仲以建初二年六月十二日与少子叔元俱下世。长子元益为之祖父冥中造内,栖柱作崖棺。葬父及弟叔元。洪适云:眉州李治中云:武阳城东彭亡山之颠,耕夫劚地有声,寻罅,入焉。石窟如屋大,中立两崖,崖柱左右各分二室。左方有破瓦棺,入泥中;右方三崖棺,泥秽充牣,执烛视之,得题识。时绍兴丁丑年,上距建初丁丑千八十有一年。

有崖棺。

《隶释》十四《汉张宾公妻穿中二柱文》云：见上条。

棺饰，有朱棺。

《后汉书》十九《耿秉传》云：秉卒，赐以朱棺玉衣。
《后汉书》三十四《梁商传》云：商薨，赐以东园朱寿之器。

有画棺。

《后汉书》十下《孝崇匽皇后纪》云：后崩，敛以东园画梓寿器。
《后汉书》三十四《梁竦传》云：赐东园画棺、玉匣、衣衾。

有黑棺。

《后汉书·礼仪志》下云：公特进樟棺，黑漆。

然东园秘器色朱而有画，则朱棺画棺盖一物也。

《后汉书·礼仪志》下云：东园匠考工令奏东园秘器，表里洞赤，虞文画日、月、鸟、龟、龙、虎、连璧、偃月、牙桧梓宫如故事。又云：诸侯王公主贵人皆樟棺，洞朱，云气画。

以实物证之，有内朱而外黑者。

见《乐浪》二十四叶。

有棺内幂以布，加朱漆，而棺外则于黄漆之上加朱漆轮廓者。

见日本关野贞博士著《乐浪郡时代之遗迹》一四二叶及图版第五七〇图。（据《乐浪》二十四叶转引）

又有素棺，则不加饰之棺也。

《后汉书·李固传》注引谢承《后汉书》云：固临终，敕子孙，素棺三寸，幅巾殡敛。

《后汉书》三十三《郑弘传》云：弘临没，敕妻子，褐巾布衣，素棺殡敛以还乡里。

《后汉书》三十九《赵咨传》云：咨将终，告其故吏朱祗、萧建等使薄敛素棺，藉以黄壤，欲令速朽，早归后土，不听子孙改之。

《后汉纪》十八云：朱宠将卒，遗令云：身没之后，素棺殡敛。

《蔡邕集·陈寔碑》云：临没顾命，时服素棺，椁财周榇，丧事惟约，用过乎俭。

《隶释》七载《山阳太守祝睦碑》云：临困纤捆，遗令素椽，蒌翣以席。

又载《祝睦后碑》云：临绝纩埃，垂诲素棺，蔽以葭苃。

棺或以缣为里。

《说文》八上《衣部》云：裑，棺中缣里也。

木棺之封以细腰。

《潜夫论》三《浮侈篇》云：钉细要，削除棺靡，不见际会。

梁《江淹集·铜剑赞》云：往古之事，棺皆不用钉，悉用细腰，其细腰之法，长七寸，广三寸，厚二寸五分，状如木枰，两头大而中央小，仍凿棺际而安之，因普漆其外，一棺凡用细腰五十四枚。大略如此。

细腰又名小要。

《礼记·檀弓篇》云：每束，缩二横三，衽每束一。郑注云：衽，今小要。

又《丧大记篇》云：君盖用漆，三衽三束。大夫盖用漆，二衽二束。士盖不用漆,二衽二束。郑注云:用漆者,涂合牝牡之中也。衽,小要也。

《释名·释丧制》云:缄束曰缄,缄,函也,古者棺不钉也。旁际曰小要,其腰约小也。

周棺以椁。

《汉书》六十七《朱雲传》云:雲遗言:棺周于身,土周于椁。
《后汉书》三十九《用磐传》云:外椁足以周棺。

椁有大有小。

《汉书》七十七《何并传》云:并疾病,召丞掾作先令书,曰:"告子恢:吾生素餐日久,死虽当得法赙,勿受!葬,为小椁,仅容下棺。"恢如父言。

制椁以木。

《汉书》六十八《霍光传》云:光薨,赐梓木外臧椁十五具。王盱墓为木椁,见《乐浪》十六叶。

或以石。

《汉书》五十《张释之传》云：释之从行至霸陵，上居外临厕，意凄怆悲怀，顾谓群臣曰："嗟乎！以北山石为椁，用纻絮斫陈漆其间，岂可动哉！"

《后汉书》二《明帝纪》云：帝初作寿陵，石椁广一丈二尺，长二丈五尺。

《后汉书》七十八《侯览传》云：览豫作寿冢，石椁双阙，高庑百尺。

或以砖瓦。

《西京杂记》六云：袁盎冢以瓦为棺椁。

日本滨田耕作在旅顺刁家屯发掘一古墓，定为汉墓，其椁全以砖砌成，见《东洋学报》第一卷第二号。

椁往往有铭。

《集古录》一后汉景君石郭铭云：余既得前景君碑，又得此铭，皆在任城。文字摩灭不可考。

《隶续》二十延年益寿椁题字云：永初七年四月三十日造焉。是万岁延年益寿郭。洪适云：郭文今在蜀中。谓之万岁延年益寿椁,当是寿藏中所刻,如梁相孔耽碑之类。

有画。

汉故雁门馆阴丞西河圜阳郭仲理椁壁画,今北大国学研究所有影片,原石为外人购去。

而墓石墓砖亦多有铭。

《新唐书》二百《郑钦说传》云:初梁太常任昉大同四年七月于钟山圹中得铭,曰:龟言土,蓍言水,甸服黄钟启灵址。瘗在三上庚,堕遇七中巳,六千三百浃辰交,二九重三四百圯。当时莫能辨者。钦说得之,悟曰:卜宅者度葬之岁月,而先识墓圯日辰。甸服,五百也;黄钟,十一也;由大同四年却求汉建武四年,凡五百一十一年。葬以三月十日庚寅,三上庚也;圯以七月十二日己巳,七中巳也。浃辰,十二也;建武四年三月至大同四年七月,六千三百一十二月,月一交,故曰六千三百浃辰交。二九十八也,重三六也;建武四年三月十日距大同四年七月十二日,十八万六千四百日,故曰二九重三四百圯。

《广川书跋》云:宋元祐二年,永城下得石如丰碑,其上刻铭云:沛国临灉时窆石室永建六年五月十五日,太岁在未,所遭作，大吉利，窆石室，候来归，我有之。

　　《隶续》十四汝伯宁砖文云：建初三年八月二十日汝伯宁□万岁舍，大利善。又曹叔文砖文云：建初七年八月十三日，曹叔文作千岁署舍，命史后，子孙贵昌，□□未央大吉。又谢君墓砖云：元和三年五月甲戌朔，谢君□造此墓。又永初砖文条下云：汉人作舍宅，营墟墓，砖多有字。又有篆书数砖，乃建武二十八年北宫卫令邯君千秋之宅者。又卷二十延年益寿椁条下云：建初中，曹叔文、汝伯宁砖皆有万舍岁之文，亦是寿臧之物。

薄则葬无椁。

　　《汉书》五十九《张汤传》云：汤遂自杀。诸子欲厚葬汤，汤母曰："汤为天子大臣，被恶言而死，何厚葬为！"载以牛车，有棺而无椁。

其大臣，国家赐棺椁。

　　《后汉书》十九《耿秉传》云：秉卒，赐以朱棺玉衣。
　　《后汉书》二十五《卓茂传》云：茂建武四年薨，赐棺椁冢地，车驾素服，亲临送葬。
　　《后汉书》二十六《伏湛传》云，湛因宴见中暑病卒，赐秘器，帝亲吊祠，遣使者送丧修冢。

又《伏隆传》云：诏隆中弟咸收隆丧，赐给棺敛。

《后汉书》二十六《蔡茂传》云：茂薨，赐东园梓棺，赙赠甚厚。

《后汉书》二十六《冯勤传》云：勤中元元年薨，帝悼惜之，使者吊祠，赐东园秘器，赗赠有加。

《后汉书》二十六《赵熹传》云：代坐事下狱，疾病物故。和帝怜之，赐秘器钱布。赠越骑校尉节乡侯印绶。

《后汉书》三十四《梁竦传》云：遣中谒者与嬿及竨备礼西迎竦丧，诣京师改殡，赐东园画棺、玉匣、衣衾。

尤贵宠者，赐梓宫便房、黄肠刚柏题凑。

《汉书》六十八《霍光传》云：光薨，赐梓宫便房、黄肠题凑各一具。注苏林曰：以柏木黄心致累棺外，故曰黄肠。

《汉书》卷九十三《董贤传》云：令将作为贤起冢茔义陵旁，内为便房刚柏题凑。

《后汉书》三十四《梁商传》云，商薨，赐以东园朱寿之器，银缕、黄肠、玉匣什物，二十八种。

— 086 —

梓宫便房、黄肠题凑者，天子之制。

　　《续汉书·礼仪志》下记大丧云：治黄肠题凑、便房如礼。
　　刘注引《汉旧仪》云：梓宫柏黄肠题凑椁。

而臣下或亦僭用之。

　　《群书治要》引崔寔《政论》云：送终之家亦无法度，至用襦梓黄肠，多藏宝货，烹牛作倡，高坟大寝。

盖汉天子之椁，以柏黄肠为里而表以石。

　　《周礼·夏官·方相氏》郑注云：天子之椁，柏黄肠为里而表以石焉。贾疏云：欲见有周两之义，故引汉法为证。

今黄肠石存者甚多。

　　《陶斋臧石记》一永建五年墓石题字云：永建五年二月□日，董黄石广三尺，□，厚五尺，长三尺。（下缺）端方云：余旧藏一石，形制与此相类，中有黄肠字，此石及下阳嘉元年二石形制均相类，然则必皆汉人墓道之石矣。
　　又冷攸石题字云：阳嘉元年三月□日，冷攸石，广三尺，厚尺五寸，长四尺五寸，第三十二。

又禹伯石题字云：禹伯石，广三尺，厚二尺，长三尺三寸，弟□。阳嘉元年十一月省。

今人周进《居贞草堂汉晋石影》有永初黄肠石一枚，永建黄肠石八枚，阳嘉黄肠石一枚，建宁黄肠石一牧，熹平黄肠石二牧。其熹平黄肠石第一枚之刻字云："第九百二十五，广三尺，厚一尺五寸，长二尺九寸二分。熹平元年十月二十九日，更黄肠掾王条主。"其建宁黄肠石亦云："建宁五年三月十四日，更黄肠掾王条主。"余文与《陶斋臧石记》所藏同，不录。

罗振玉《松翁近稿·汉黄肠石拓本跋》云：汉石刻三十，中有二石但纪石工名，其他二十八石，则均详记年月尺寸与人名及石之次第，近年出洛阳。先是光绪中叶，曾出数石，归浭阳端忠愍公方，载之《陶斋臧石记》，顾不能定为何物，题为永建五年墓石题字，冷攸石题字，禹伯石题字者是也。公别有建宁五年一石，于年月尺寸人名外，有"更黄肠掾王条主"等字，予考定为古陵墓中之黄肠石。石之形制，前籍无征。据此二十八石中所记尺寸，则皆广三尺，厚则尺五寸者十有九，二尺者七，尺三寸及三尺者各一；长则自二尺二寸至三尺八寸不等：殆广有定而长无定也。此石今藏开封图书馆。又云：建德周氏藏一残石，石工姓名及年月尺合均残损，惟"更黄肠石史袁庚主"七字独完。陶斋旧藏建宁五年三月有"更黄肠掾王条主"一石，今亦归周氏。此二石黄肠上均冠以更字，疑石损更

— 088 —

第二章 丧葬

易而命掾史主其事也。

罗振玉《丙寅稿·黄肠石拓本跋》云：黄肠石拓本五十九纸，年月已损者五，他五十四石中，署永建者四十五，阳嘉者三，元嘉者二，建宁者三，熹平者一。《后汉书·光武纪》注谓文帝以后皆豫作陵，东汉既承此制，则石上纪永建阳嘉者，乃顺常宪陵物，纪元嘉者，桓帝宣陵物，纪建宁熹平者，灵帝文陵物也。宪文二陵工最久，宪陵始永建二年至阳嘉元年，文陵由建宁五年至熹平五年，而皆有更黄肠椁名，殆工已成而省视有损坏者而更易之也。

王国维《观堂集林》十八《南越黄肠木刻字跋》云：黄肠墓石古代已有出土者。《水经注·济水》：汉灵帝建宁四年，于敖城西北垒石为门以遏渠口（浚仪渠），谓之石门，石铭曰："建宁十一月黄肠石也。而主吏姓名摩灭，不可复识"云云，实则郦氏所见石门，乃后世发汉建宁旧墓石为之；郦氏误以治石之年为作门之年，不悟水门之铭不得称黄肠石也。

而黄肠木亦有存者云。

王国维《观堂集林》十八《南越黄肠木刻字跋》云：甲寅乙卯间，粤东南海人治地，得南越文王故冢，有大木数十章，皆长丈余，方尺余，每章刻甫一，甫二，以至甫几十。此木有甫十八三字，盖其第十八枚，余谓此椁木也。古椁用木为之，《檀弓》曰：天子柏椁。《丧大记》曰：君松椁，大夫柏椁，士杂木椁，是也。汉时为之黄肠。《汉书·霍光传》：赐梓宫便房、黄肠题凑。如淳引《汉仪注》曰：天子陵中明中高丈二尺四寸，周二丈，内梓宫，次梗椁黄肠题凑。是黄肠题凑最在外也。《水经注·湘水》引郭颁《世语》：魏黄初末，吴人发长沙王吴芮冢取木，于县立孙坚庙。墓中木可作庙材，其巨可知。南越墓中皆巨材，可见当时制度皆如此，黄肠之为木固矣。此前于阳嘉熹平诸石者又数百年，可以见汉代文化南北略同矣。树达按：南越僭王，故仿汉天子之制用黄肠，亦犹夫余国王之葬用玉匣。皆汉代文化普及四夷之证也。

葬有不用棺椁而以板床措尸者。

《后汉书》六十五《张奂传》云：奂光和四年卒，遗命曰：地底冥冥，长无晓期，而复缠以纩绵，牢以钉密，为不喜耳。幸有前窀，朝殒夕下，措尸灵床，幅巾而已。诸子从之。惠栋《补注》引甄表状云：奂矫王孙裸形，宋桓司马为石椁，幅巾时服，无棺而葬焉。

《后汉书》四十五《袁闳传》注引《汝南先贤传》曰：闳临卒，敕其子曰：勿设殡棺，但著单衣幅巾，衬尸于板床之上，以五百甓为藏。

有以席卷尸者。

　　《后汉书》八十三《梁鸿传》云：父让卒，鸿时尚幼，以遭乱世，因卷席而葬。又三十九《赵咨传》云：梁伯鸾父殁，卷席而葬，身亡不反其尸。

有聚沙为床者。

　　《后汉书》六十四《赵岐传》云：建安六年卒，先自为寿藏，敕其子曰："我死之日，墓中聚沙为床，布簟白衣，散发其上，覆以单被，即日便下，下讫便掩。"

有以身亲土者。

　　《后汉书》六十四《卢植传》云：植，初平三年卒，临困，敕其子俭葬于土穴，不用棺椁，附体单帛而已。
　　《后汉书》六十八《符融传》云：融妻亡，贫无殡殓，乡人欲为具棺椁，融不肯受，曰：古之亡者，弃之中野，惟妻子可以行志。但即土埋藏而已。

又有棺椁衣衾皆不用而裸葬者，皆特例也。

《汉书》六十七《杨王孙传》云：杨王孙者，孝武时人也，学黄老之术。及病且终。先令其子曰："吾欲裸葬以反吾真，必亡易吾意！死则为布囊盛尸，入地七尺。既下，从足引脱其囊，以身亲土。"其子欲默而不从，重废父命；欲从，其心又不忍。乃往见王孙友人祁侯。祁侯与王孙书曰："王孙苦疾，仆迫从上祠雍，未得诣前。愿存精神，省思虑，进医药，厚自持。窃闻王孙先令裸葬。令死者无知则已，若其有知，是戮尸地下。将裸见先人，窃为王孙不取也。且《孝经》曰：为之棺椁衣衾；是亦圣人之遗制，何必区区独守所闻。愿王孙察焉。"王孙报曰："盖闻古之圣王缘人情不忍其亲，故为制礼。今则越之。吾是以裸葬，将以矫世也。夫厚葬诚亡益于死者，而俗人竞以相高，靡财单币，腐之地下。或乃今日入而明日发。此真与暴骸于中野何异。且夫死者，终生之化，而物之归者也。归者得至，化者得变，是物各反其真也。反真冥冥，亡形亡声，乃合道情。夫饰外以华众，厚葬以鬲真，使归者不得至，化者不得变，是使物各失其所也。且吾闻之：精神者，天之有也；形骸者，地之有也。精神离形，各归其真，故谓之鬼。鬼之为言归也。其尸块然独处，岂有知哉！裹以币帛，鬲以棺椁，支体络束，口含玉石，欲化不得，郁为枯腊。千载之后，棺椁朽腐，乃得归土就其真宅。繇是言之，焉用久客！昔帝尧之葬也，窾木为棺，葛藟为缄。其穿下不乱泉，上不泄殠。故圣王生易尚，死易葬也。不加功于亡用，不损财于亡谓。今费财厚葬，留归厗至。死者不知，生者不得，是为重惑。於戏！吾不为也。"祁侯曰："善！"遂裸葬。

第四节　发丧受吊

丧主发丧。

《意林》引《风俗通》云：汝南王叔汉，父子方，出游二十余年不还。叔汉作尚书郎，有人告子方死于汝南，即遣兄伯三往迎丧，叔汉即发哀；诏书膊钱二十万。

亲属出游于外者当奔赴。

《汉书》七十《陈汤传》云：富平侯张勃与汤交，高其能。初元二年，元帝诏列侯举茂材，勃举汤，汤待迁，父死不奔丧。司隶奏汤无循行，勃选举故不以实，坐削二百户，会薨，因赐谥曰缪侯，汤下狱论。树达按：元帝崇儒术，故其时有此事，以前未闻也。

虽女子已嫁者，亦归来奔丧。故有以女奔父丧者。

《汉书》五十三《江都易王非传》云：非二十七年薨，子建嗣。……建女弟征臣以易王丧来归。

有以女奔母丧者。

《华阳国志》十下云：季姜，梓潼文氏女，将作大匠广汉王敬伯夫人也。敬伯前夫人有子博，女纪、流二人，季姜生康、雄、芝，女始、示，凡前后八子。季姜年八十一卒，四男弃官行服，四女亦从官舍交赴。按：敬伯，王堂字，堂后书有传。

有以女兄弟奔兄弟之丧者。

《后汉书》三十七《桓鸾传》云：鸾子晔，晔姑为司空杨赐夫人。初鸾卒，姑归宁赴哀。将至，止于传舍，整饰从者而后入。

其宗族知友则来吊。

《汉书》七十二《龚胜传》云：胜死，有老父来吊，哭甚哀。既而曰："嗟乎！薰以香自烧，膏以明自销。龚生竟夭天

第二章 丧葬

年，非吾徒也。"遂趋而出。莫知其谁。

　　《汉书》八十二《史丹传》云：中山哀王薨，太子前吊。哀王者，元帝之少弟，与太子游学相长大。上望见太子，感念哀王，悲不能自止。太子既至前，不哀。上大恨。

有自远方至者。

　　《后汉书》二十四《马援传》云：援还书诫兄子严敦云：杜季良豪侠好义，父丧致客，数郡毕至。

道远不能赴，则寄物为祠。

　　《后汉书》二十七《王丹传》云：丹，京兆下邽人也。丹子有同门生丧亲，家在中山，白丹：欲往奔慰。结侣将行，丹怒而挞之，令寄缣以祠焉。

丧家于来吊者，飨之以酒肉，娱之以音乐。

　　《汉书》四十《周勃传》云：勃以织薄曲为生，常以吹箫给丧事。师古曰：吹箫以乐丧宾若乐人也。
　　《盐铁论·散不足篇》云：今俗因人之丧以求酒肉，幸与小坐，而责办歌舞俳倡，连笑技戏。

《潜夫论·务本篇》云：养生顺志，所以为孝也，今多违志俭养约生以待终，终没之后，乃崇饰丧记以言孝，盛飨宾旅以求名，诬善之徒从而称之，此乱孝悌之真行而误后生之痛者也。

《群书治要》引崔寔《政论》云：送终之家亦无法度，烹牛作倡。高坟大寝，是可忍也孰不可忍？而俗人多之，咸曰健子，天下跂慕，耻不相逮。

若贵人，则天子使使者吊祭。

《后汉书》二十四《马廖传》云：廖永元四年卒，和帝以廖先帝之舅，厚加赗赠，使者吊祭王主会丧。

《后汉书》二十七《赵典传》云：典病卒，使者吊祠，窦太后复遣使兼赠印绶，谥曰献侯。

《后汉书》四十四《张禹传》云：永初七年，禹卒于家，使者吊祭。

《后汉书》四十七《班超传》云：超卒，朝廷愍惜焉，使者吊祭，赠赗甚厚。

《后汉书》五十六《张皓传》云：皓卒官，遣使者吊祭。

第二章 丧葬

于时盖具册书。

《后汉书》三十上《杨厚传》云：厚年八十二，卒于家，策书吊祭，乡人谥曰文父，门人为立庙，郡文学掾史春秋飨射常祠之。

备牲牢云。

挚虞《决疑要注》云：太傅胡广丧母，天子使谒者以中牢吊祭，且送葬。

其尤异者，天子与皇后亲临吊。

《汉书》六十八《霍光传》云：光薨，帝及太后亲临光丧。
《汉书》八十四《翟方进传》云：方进薨，天子亲临吊者数。
《汉书》九十八《元后传》云：大将军凤薨，天子临吊赠宠。
《后汉书》十上《光武郭后纪》云：郭况卒，帝亲自临丧。
《后汉书》十四《成武孝侯顺传》云：顺卒，帝使使者迎丧，亲自临吊。
《后汉书》十五《李通传》云：通卒，帝及皇后亲临吊送葬。
《后汉书》二十《祭遵传》云：遵丧至河南县，诏遣百官先会丧所，车驾素服临之，望哭哀恸。还幸城门，过其车骑，涕泣不能已。丧礼成，复亲祠以太牢，如宣帝临霍光故事。《东观汉记》云：上车驾素服往吊，望城门举音，遂哭而恸。

按《后汉书》卷二十《祭遵传》载范升上光武疏云：古者臣疾君视，臣卒君吊，德之厚者也。陵迟已来久矣。及至陛下，复兴斯礼，群下感动，莫不自励。树达按：成帝亲临吊王凤翟方进之丧，升所谓陵迟已来久矣者，盖指哀平二帝不行此礼也。

《后汉书》二十六《赵憙传》云：建初五年，憙疾病，帝亲幸视。及薨，车驾往临吊。

又《牟融传》云：融建初四年薨，车驾亲临其丧。

《后汉书》二十七《杜林传》云：林薨，帝（光武）亲自临丧送葬。

《后汉书》三十一《郭伋传》云：伋卒，帝（光武）亲临吊。

《后汉书》三十四《梁商传》云：永和（顺帝）六年秋，商病笃。及薨，帝（顺帝）亲临丧。

《后汉书》四十四《邓彪传》云：彪永元五年春，薨于位，天子亲临吊丧。

于时天子变服服缟素云。

《后汉书》三十七《桓荣传》云：荣卒，帝（明帝）亲自变服临丧送葬。

《后汉书》十五《来歙传》云：歙丧还洛阳，乘舆缟素临吊送葬。

　　《后汉书》四十五《张酺传》云：酺薨，乘舆缟素临吊。

其诸王或王太后，则使司空与光禄大夫吊祭。

　　《后汉书》五《安帝纪》云：延平元年十二月甲子，清河王薨，使司空持节吊祭。

　　《后汉书》四十二《楚王英传》云：英至丹阳，自杀。诏遣光禄大夫持节吊祠，赠赙如法，加赐列侯印绶，以诸侯礼葬于泾。

　　《后汉书》四十二《楚王英传》云：元和三年，许太后薨，复遣光禄大夫持节吊祠，因留护丧事，赙钱五百万。

亦有务欲密静不发丧告人者。

　　《后汉纪》十八云：朱宠将卒，遗令云：敛毕，便以所有牛车夜载丧还乡里，勿告群僚，以密静为务。

第五节 送葬

棺已盛尸为柩,柩上书死者之官职姓名。

《汉书》八十三《薛宣传》云:池阳令举廉吏狱掾王立,府未及召,闻立受囚家钱,宣责让县,县案验狱掾,乃其妻独受系者钱万六千,受之再宿,狱掾实不知。掾惭恐,自杀。宣闻之,移书池阳曰:县所举廉吏狱掾王立家私受赇而立不知,杀身以自明。立诚廉士,甚可闵惜。其以府决曹掾书立之柩以显其魂。

柩行,载之以车。贵者以辒辌。

《汉书》六十八《霍光传》云:载光尸柩以辒辌车,黄屋左纛。
《汉书》八十一《孔光传》云:载以乘舆辒辌及副各一乘。

薄葬者以牛车。

《汉书》五十九《张汤传》云:载以牛车。

《后汉书》二十《祭遵传》云：遵临死，遗诫：牛车载丧，薄葬洛阳。

《后汉纪》十八云：朱宠将卒，遗令云：敛毕，便以所有牛车夜载丧还乡里。

丧车所过，街路有祭。

《周礼·小祝》云：及葬，设道赍之奠。杜子春注云：赍当为粢，道中祭也。汉仪，每街路辄祭。

执翣为从。

《仪礼·丧大记》注云：汉礼翣以木为筐，广三尺，高四寸，方两角高，衣以白布五尺。车行，使人持之而从。既窆，树之于圹中。《后汉书·赵咨传》注引《三礼图》云：葬时令人执之于柩车旁也。

丧家婚友随柩行至丧所为送葬。

《汉书》五十四《苏武传》云：李陵谓苏武曰："来时，太夫人已不幸，陵送葬至阳陵。"

《汉书》八十三《薛宣传》云：宣移书池阳，曰："县所举廉吏狱掾王立家受私赇，立不知，杀身以自明，立诚廉士，甚可闵惜。府掾史素与立相知者，皆予送葬。"

《汉书》九十七上《外戚传》云：吕后病困，以赵王禄为上将军，居北军；梁王产为相国，居南军。戒产禄曰："高祖与大臣约：非刘氏王者，天下共击之。今王吕氏，大臣不平。我即崩，恐其为变。必据兵卫宫，慎毋送丧。为人所制！"树达按：送丧，即送葬也。

《艺文类聚》四十引《扬雄家牒》云：子雲以天凤五年卒，葬安陵阪上。诸公遣世子、朝臣、郎吏行事者会送。

《后汉书》十六《邓骘传》云：还葬洛阳北芒旧茔，公卿皆会丧。

以客多为尚。

《后汉书》九十二《楼护传》云：母死，送葬者致车二三千两。

《汉书》八十一《孔光传》云：光薨，公卿百官会吊送葬，车万余两。

《后汉书》三十五《郑玄传》云：玄卒，自郡守以下尝受业者缞绖赴会千余人。

第二章　丧葬

亦有自远方至者。

《汉书》九十二《剧孟传》云：孟母死，自远方送丧盖千乘。（又见《袁盎传》）

《后汉书》四十二《东海恭王传》云：彊立十八年，子靖王政嗣。后中山简王薨，政诣中山会葬。

《后汉书》五十三《申屠蟠传》云：及黄琼卒，归葬江夏，四方名豪会帐下者六七千人。李注云：帐下，葬处。

《蔡邕集·陈寔碑》云：府丞与比县会葬荀慈明、韩元长等五百余人，缌麻设位，哀以送之，远近会葬千人以上。

若贵人，则国家特遣羽林孤儿挽车。

《汉书》八十一《孔光传》云：光薨，羽林孤儿诸生合四百人挽送，车万余两，道路皆举音以过丧。

军士列陈以送。

《汉书》五十五《霍去病传》云：去病薨，上悼之，发属国玄甲军陈自长安至茂陵。

《汉书》六十八《霍光传》云：光薨，发材官轻车北军五校士军陈至茂陵以送其葬。又《金日䃅传》云：日䃅薨，赐葬具冢地，送以轻车介士，军陈至茂陵。

《汉书》五十九《张安世传》云：安世薨，天子赠印绶，送以轻车介士。

《汉书》九十八《元后传》云：王凤薨，天子临吊赐宠，送以轻车介士，军陈自长安至渭陵。

《后汉书》十六《邓骘传》云：弘将葬，有司复奏发五营轻车骑士礼仪如霍光故事。

《后汉书》十八《吴汉传》云：汉薨，有诏悼愍，赐谥曰忠侯。发北军五校轻车介士送葬，如大将军霍光故事。

《后汉书》十九《耿秉传》云：秉卒，赐以朱棺玉衣，将作大匠穿冢，假鼓吹，五营骑士三百余人送葬，谥曰桓侯。

《后汉书》二十《祭遵传》云：至葬，车驾复临，赠以将军侯印绶，朱轮容车介士军陈送葬，谥曰成侯。

《后汉书》三十四《梁商传》云：及葬，赠轻车介士，赐谥忠侯。

《后汉书》五十四《杨赐传》云：及葬，又使侍御史持节送丧，兰台令史十人发羽林骑轻车介士前后部鼓吹，又敕骠骑将军官属司空法驾送至旧茔，公卿以下会葬，谥文烈侯。及小祥，又会焉。

第二章 丧葬

又或特诏令百官会丧。

《后汉书》二十《祭遵传》云：遵丧至河南县，诏遣百官先会丧所，车驾素服临之，望哭哀恸。

《后汉书》二十六《宋弘传》云：汉卒，策曰：太中大夫宋汉清修雪白，正直无邪，……将授三事，未克而终，朝廷愍悼，恒其怆然。……其令将相大夫会葬。

尤异者，天子亲送葬。

《后汉书》三十二《樊宏传》云：宏卒，赠以印绶，车驾亲送葬。树达按：此惟东汉有之；前汉时未见。

《东观汉记》十四《鲍永传》云：永劾奏良曰：车驾临故中郎将来歙丧还，车驾过须臾，赵王从后到。

其时天子服缟素。

《后汉书》十五《来歙传》云：歙丧还洛阳，乘舆缟素临吊送葬。

百官皆会云。

　　《后汉书》十上光武《郭后纪》云：后母郭主薨，帝亲临丧送葬，百官大会。
　　《后汉书》三十四《梁竦传》云：遣中谒者与嫄及亄备礼西迎竦丧，诣京师改殡，帝亲临送葬，百官毕会。

若贵戚，或天子皇后同送葬。

　　《后汉书》十五《李通传》云：通卒，帝及皇后亲临吊送葬。
　　《后汉书》十五《邓晨传》云：晨卒，诏遣中谒者备公主官属礼仪招迎新野主魂与晨合葬于北芒，乘舆与中宫亲临丧送葬。

或中宫独送。

　　《后汉书》三十四《梁商传》云：及葬，中宫亲送，帝幸宜阳亭，瞻望车骑。

其诸侯王，则或诏他诸侯王会葬云。

　　《后汉书》四十二《东海恭王彊传》云：诏楚王英、赵王栩、北海王兴、馆陶公主、比阳公主及京师亲戚四姓夫人小侯皆会葬。

《后汉书》四十二《东平宪王苍传》云：令四姓小侯诸国王主悉会诣东平奔丧。

《后汉书》四十二《中山简王焉传》云：焉永元二年薨。诏济南、东海二王皆会葬。

第六节 从葬之物

从葬之物有珠玉珍宝。

《后汉书·礼仪志》下记大丧云：大敛于两楹之间，三公升自阼阶，安梓宫内珪璋诸物。

《晋书》六十《索綝传》云：三秦人尹桓、解武等数千家盗发汉霸、杜二陵。多获珍宝。帝问綝曰：汉陵中物何乃多耶？綝对曰：汉天子即位一年而为陵，天下贡赋，三分之一供宗庙，一供宾客，一供山陵。汉武帝飨年久长，比崩而茂陵不复容物，其树皆已可拱。赤眉取陵中物不能减半，于今犹有朽帛委积珠玉未尽，此二陵是俭者耳。

《潜夫论·浮侈篇》云：文帝葬芷阳，明帝葬洛南，皆不藏珠宝。今京师贵戚，郡县豪家，生不极养，死乃崇丧，多埋珍宝。

《后汉书》六《顺帝纪》云：建康元年八月庚午，帝崩于玉堂前殿。遗诏：无起寝庙，敛以故服，珠玉玩好皆不得下。

《群书治要》引崔寔《政论》云：送终之家亦无法度，至用檽梓黄肠多藏宝货。

树达按：王盱墓内有玉五枚，见《乐浪》六十八叶。

有印绶。

《汉书》九十七《定陶丁姬传》云：元始五年，莽复言：共王母（按：即傅太后）丁姬前不臣妾，怀帝太后皇太后玺以葬，不应礼。礼有改葬，请发共王母及丁姬冢，取其玺绶消灭。

《论衡》卷二十一《死伪篇》云：亡新改葬元帝傅后，发其棺，取玉柙印玺。送定陶，以民礼葬之。

《汉书》九十八《元后传》云：高祖诛项籍，即天子位，因御服其玺，世世传受，号曰汉传国玺。及莽即位，请玺，太后怒骂曰：我，汉家老寡妇，旦暮且死，欲与此玺俱葬，终不可得。

《续汉书·五行志》注引《风俗通》云：灵帝数以车骑将军过拜孽臣内孽，又赠亡人，显号加于顽凶，印绶污于腐尸。

《乐浪》六十九叶云：木印一，方八分，厚三分五厘，两面有文。一面云：五官掾王盱印。一面云：王盱印信，皆阴文。侧面中央有孔，所以系组也。印发见于中棺遗骸之腰间，盖佩用之意也。

树达按：汉大臣死，天子往往追赠某官某爵印绶，盖即用以为佩也。

有金钱财物。

《汉书》五十九《张汤传》云：会有人盗发孝文园瘗钱。如淳曰：瘗，埋也。埋钱于园陵以送死也。

《汉书》七十二《贡禹传》云：元帝时，禹奏言：武帝弃天下，昭帝幼弱，霍光专事，不知礼正，妄多藏金钱财物、鸟兽、鱼鳖、牛马、虎豹、生禽，凡百九十物，尽瘗藏之。昭帝晏驾，光复行之。至孝宣皇帝时，陛下恶有所言，群臣亦随故事。

旅顺刁家屯汉墓内有五铢钱，见《东洋学报》第一卷第二号。

《唐书·王屿传》云：汉以来丧葬皆有瘗钱，后世里俗稍以纸钱为鬼事。

有食物。

《后汉书·礼仪志》下记大丧云：东园武士执事下明器。笥八，盛容三升，黍一，稷一，麦一，粱一，稻一，麻一，菽一，小豆一。瓮三，容三升，醯一，醢一，屑一。黍饴载以木桁，覆以疏布。瓨二，容三升，醴一，酒一。载以木桁，覆以功布。

《论衡》二十一《死伪篇》云：亡新改葬元帝傅后，发棺时，臭冲于天，洛阳丞临棺，闻臭而死。臭闻于天，多藏食物，腐朽猥发，人不能堪。

《论衡》二十三《薄葬篇》云：谓死如生，闵死独葬，魂孤无副，丘墓闭藏，壳物乏匮，故作偶人以待尸柩，多藏食物以歆精魂。

《后汉书》八十一《范冉传》云，冉临命，遗令敕其子曰："干饭寒水饮食之物，勿有所下！"

《乐浪》云：主椁北室，遗物有核太枣核二枚，毛桃核一枚，アカニシ压一枚，腐朽不明之食物二枚。（见二八叶）副椁遗物有グシ核一枚，核太枣核一枚，樱桃核六枚，残果核一枚，アカニシ之压五枚，见二九叶。

有饮食用器。

《后汉书·礼仪志》下记大丧明器云：瓯八，牟八，豆八，箸八，形方。酒壶八，槃匜一具。瓦灶二，瓦甑一。瓦鼎十二，容五升；匏勺一，容一升。瓦案九。瓦大杯十六，容三升；瓦小杯二十，容二升。瓦饭槃十。瓦酒樽二，容五升；匏勺二，容一升。

王盱墓内有漆杯、漆盘、漆盂、漆碗、漆匕、漆勺、漆壶、瓦瓮、瓦碗、瓦壶，见《乐浪》三十六至五十叶。

罗振玉《古明器图录》卷二有汉灶二，见十二至十四叶。

有日常用器。

《西京杂记》六云：袁盎冢，器物都无，唯有铜镜一枚。

《后汉书·礼仪志》下记大丧明器云：瓦镫一，杖几各一，盖一。王盱墓内有镜，有镜奁，有案，有枱，有枕，有式占，见《乐浪》。

罗振玉《古明器图录》卷二有汉永和瓶一，见六叶。

有乐器。

《后汉书·礼仪志》下记大丧明器云：钟十六，无虡。镈四，无虡。磬十六，无虡。埙一，箫四，笙一，篪一，柷一，敔一，瑟六，琴一，竽一，筑一，坎侯一。王盱墓内有琴状木板，见《乐浪》六十二叶。

有兵器。

《后汉书·礼仪志》下记大丧明器云：彤矢四，轩輖中，

— 111 —

亦短卫。彤矢四，骨，短卫。彤弓一。干戈各一，笮一，甲一，胄一。树达按：此天子用兵器也。

《汉书》四十《周亚夫传》云：亚夫子为父买工官尚方甲楯五百被可以葬者，取庸，苦之，不与钱。庸知其盗买县官器，怨而上变告子，连污亚夫。廷尉责问亚夫曰："君侯欲反，何？"亚夫曰："臣所买器，乃葬器也，何谓反乎！"树达按：此臣子用兵器。

有鸟兽、鱼鳖、牛马、虎豹、生禽。

《汉书》七十二《贡禹传》云：元帝时，禹上言：武帝弃天下，昭帝幼弱，霍光专事；不知礼正，妄多藏金钱财物、鸟兽、鱼鳖、牛马、虎豹、生禽，凡百九十物，尽瘗藏之。

《汉书》十《成帝纪》云：竟宁元年五月，元帝崩。六月，乙未，有司言：乘舆车、牛马、禽兽皆非礼，不宜以葬。奏可。

《三辅故事》云：皇后葬用大蚕二十薄。

《东洋学报》第一卷第二号滨田耕作撰旅顺刁家屯之一古墓云：墓内发现多数兽骨，据专门家考之，盖为羊骨。以其下颚臼齿尚未发达观之，盖小羊也。旅顺介墓中亦有兽骨，又有鱼骨，或满贮土器中，或残存皿内，余于芦家屯墓中发现一壶，内亦满贮鱼骨云。

有偶车马桐人及一切伪物。

《汉书》七十六《韩延寿传》云：延寿于是令文学校官诸生为吏民行丧嫁娶礼，百姓遵用其教，卖偶车下里伪物者，弃之市道。张晏曰：下里，地下蒿里伪物也。师古曰：偶谓土木为之，象真车马之形也。

《盐铁论·散不足篇》云：古者明器有形无实，示民不用也。及其后则有醯醢之藏，桐马偶人弥祭其物不备。今厚资多藏器用如生人，郡国繇吏素桑揉，偶车櫓轮；匹夫无貌领，桐人衣纨绨。

《太平御览》八百九引《班彪奏事》云：吏民葬埋有马，被毛鬣角蹄玫瑰宜皆以法禁之。

《论衡》二十三《薄葬篇》云：谓死如生，闵死独葬，魂孤无副，故作偶人以待尸柩。

《后汉书·礼仪志》下记大丧明器云：挽车九乘，刍灵三十六匹。

《潜夫论·浮侈篇》云：今京师贵戚，郡县豪家，生不极养，死乃崇丧，多埋珍宝偶人车马。

罗振玉《古明器图录》卷一有汉俑五，汉女俑一，见一叶二叶十叶。

要之，凡生人所用之器，无不可为从葬之器云。

至若以奴婢殉死,乃诸侯王无道者之所为,为国家所不容者也。

《汉书》五十三《赵敬肃王传》云:大鸿胪禹奏:"元病先令,令能为乐奴婢从死,迫胁自杀者凡十六人,暴虐不道。元虽未伏诛,不宜立嗣。"奏可。

所以实圹之物,有炭苇,有沙。

《汉书》九十《酷吏·田延年传》云:先是茂陵富人焦氏贾氏以数千万阴积贮炭苇诸下里物。昭帝大行时,方上事暴起,用度未办,延年奏言:"商贾或豫收方上不祥器物。冀其疾用,欲以求利,非民臣所当为,请没入县官。"奏可。又云:大司农取民牛车三万两为僦,载沙便桥下,送至方上车直千钱。

汉代厚葬之风特盛,至有约其父母之供养以豫储父母没后之用者。

《潜夫论·务本篇》云:养生顺志,所以为孝也。今多违志俭养,约生以待终。终没之后,乃崇饬丧纪以言孝,盛飨宾旅以求名,诬善之徒从而称之,此乱孝悌之真行,而误后生之痛者也。

又《浮侈篇》云:今京师贵戚,郡县豪家,生不极养,死乃崇丧。

《群书治要》引崔寔《政论》云：念亲将终无以奉遗，乃约其供养，豫修亡没之备，老亲之饥寒以事淫佚之华称，竭家尽业，甘心而不恨。

《后汉书·赵咨传》云：废事生而荣终亡，替所养而为厚葬，岂云圣人制礼之意乎！

有因葬过律得罪者。

《史记·高祖功臣侯年表》云：武原侯卫不害葬过律夺国。

故天子下诏以为戒。

《汉书》十《成帝纪》云：永始四年，诏曰："圣王明礼制以序尊卑。异车服以章有德，虽有其财而无其尊，不得逾制，故民兴行上义而下利。方今世俗奢僭罔极，靡有厌足，公卿列侯近臣，四方所则，或乃奢侈逸豫，车服嫁娶葬埋过制，吏民慕效，浸以成俗，而欲望百姓俭节，家给人足，岂不难哉！其申敕有司，以渐禁之！"

《后汉书》一下《光武纪》云：建武七年，诏曰："世以厚葬为德，薄终为鄙，至于富者奢僭，贫者单财，法令不能禁，礼义不能止，仓卒乃知其咎。其布告天下，令知忠臣孝子慈兄悌弟薄葬送终之义！"《东观汉记》一《光武纪》云：建武七年追念前世，园陵至盛，王侯外戚，葬埋僭侈，吏民相效，浸以无限。诏告天下，令薄葬。

《后汉书》二《明帝纪》云：永平十二年诏曰："昔曾闵奉亲，竭欢致养；仲尼葬子，有棺无椁。丧贵致哀，礼存宁俭。今百姓送终之制，竞为奢靡，生者无担石之储，而财力尽于坟土；伏腊无糟糠，而牲牢兼于一奠，糜破积世之业，以供终朝之费，子孙饥寒，绝命于此，岂祖考之意哉！有司其申明科禁，宜于今者，宣下郡国！"

又三《章帝纪》云：建初二年，诏曰："今贵戚近亲奢纵无度，嫁娶送终，尤为僭侈，有司废典，莫肯举察。今自三公，并宜明纠非法，宣振威风。其科条制度所宜施行，在事者备为之禁！"

又四《和帝纪》云：永元十一年，诏曰："吏民逾僭，厚死伤生，是以旧令节之制度。顷者，贵戚近亲百僚师尹莫肯率从，有司不举，怠放日甚。其在位犯者，当先举正。市道小民但且申明宪纲，勿因科令加虐羸弱！"

又五《安帝纪》云：永初元年秋九月，诏三公明申旧令，禁奢侈，无作浮巧之物，殚财厚葬。

又五《安帝纪》云：元初五年诏曰："旧令制度各有科品，欲令百姓务崇俭约。而小人无虑，不图久长，嫁娶送终，纷华靡丽，至有走卒奴婢被绮縠著珠玑，京师尚若斯，何以示四远！

第二章 丧葬

设张法禁,恳恻分明,而有司惰任,讫不奉行。秋节改立,鸷鸟将用,且复重申以观后效。"

长吏下令以为禁。

《后汉书》四十一《宋均传》云:均迁上蔡令,时府下记禁人丧葬不得侈长。均曰:夫送终逾制,失之轻者。今有不义之民尚未循化,而遽罚过礼,非政之先。竟不肯施行。树达按:此光武时事。

识者陈议以为讥。

《论衡》二十九《对作篇》云:《论衡·论死》《论衡·订鬼》,所以使俗薄丧葬也。孔子径庭丽级,彼棺敛者不省。刘子政上薄葬,奉送藏者不约;光武皇帝草车茅马,为明器者不奸。何世书俗言不载,信死之语汶蜀之也。今著《论死》及《死伪》之篇,明死无知不能为鬼,冀观览者将一晓解约葬,更为节俭。

《潜夫论·浮侈篇》云:古之葬者厚衣之以薪,葬之中野,不封不树,丧期无时。后世圣人易以棺椁,桐木为棺,葛采为緘,下不及泉,上不泄臭。中世以后,转用楸梓槐柏杶樗之属,各因方土,裁用胶漆,使其坚足恃,其用足任,如此而已。今者京师贵戚必欲江南檽梓豫章之木,边远下士,亦竞相仿效。夫櫄梓豫章所出殊远，伐之高山，引之穷谷，入海乘淮，逆河溯洛，工匠雕刻，连累日月，会众而后动，多牛而后致，重且千斤，功将万夫，而东至乐浪，西达敦煌，费力伤农于万里之地。古者墓而不坟，中世坟而不崇。仲尼丧母，冢高四尺，遇雨而崩，弟子请修之，夫子泣曰：古不修墓。及鲤也死，有棺无椁。文帝葬芷阳，明帝葬洛南，皆不藏珠宝，不起山陵，墓虽卑而德最高。今京师贵戚，郡县豪家，生不极养，死乃崇丧，或至金缕玉匣，櫄梓梗楠，多埋珍宝，偶人车马，造起大冢，广种松柏，庐舍祠堂，务崇华侈。案鄗毕之陵，南城之冢，周公非不忠，曾子非不孝，以为褒君爱父不在于聚财，扬名显亲无取于车马。昔晋灵公多赋以雕墙，《春秋》目为非君；华元乐举厚葬文公，君子目为不臣。况于群司士庶，乃可僭侈主上，过天道乎！

《后汉书》七十八《吕强传》云：灵帝时，强上疏陈事曰：又今外戚四姓贵幸之家及中官公族无功德者，造起馆舍，凡有万数，楼阁相接，丹青素垩，雕刻之饰，不可单言。丧葬逾制，奢丽过礼，竞相仿效，莫肯矫拂。

而明达之士，多抗俗遗言薄葬云。

《后汉书》三十二《樊宏传》云：建武二十七年，宏卒，遗敕薄葬一无所用。树达按：此事在光武时。

《后汉书》四十七《梁瑾传》云：何熙临殁，遗言薄葬。

— 118 —

第二章　丧葬

树达按：此事在安帝永初四年。

《后汉书》十六《邓腾传》云：元初五年，悝阊相继并卒，皆遗言薄葬，不覆爵赠。太后并从之。树达按：元初，安帝年号。

《后汉书》六十《马融传》云：融年八十八，延熹九年，卒于家。遗令薄葬。树达按：延熹，桓帝年号。

《后汉书》六十四《卢植传》云：植，初平三年卒，临困，敕其子俭葬于土穴。不用棺椁，附体单帛而已。树达按：此献帝时事。

《后汉书》三十九《赵咨传》云：咨抗疾京师，将终，饬其故吏朱祗、萧建等使薄敛素棺，藉以黄壤，欲令速朽，早归后土。不听子孙改之。乃遗书敕子胤曰："夫含气之伦，有生必终，盖天地之常期，自然之至数。是以通人达士，鉴兹性命，以存亡为晦明，死生为朝夕，故其生也不为娱，亡也不为戚。夫亡者元气去体，贞魂游散，反素复始，归于无端。既已消仆，还合粪土，土为弃物，岂有性情，而欲制其厚薄，调其燥湿邪！但以生者之情，不忍见形之毁，乃有掩骼埋窆之制。《易》曰：古之葬者衣以薪，藏之中野，后世圣人易之以棺椁。棺椁之造，自黄帝始。爰自陶唐，逮于虞夏，犹尚简朴，或瓦或木。及至殷人而有加焉。周室因之，制兼二代，复重以墙翣之饰，表以旌铭之仪，招复含敛之礼，殡葬宅兆之期，棺椁周重之制，衣衾称袭之数，其事烦而害实，品物碎而难备，然而秩爵异级，贵贱殊等。自成康以下，其典稍乖。至于战国，渐至颓陵，法度衰毁，上下僭杂，终使晋侯请隧，秦伯殉葬，陈大夫设参门之木，宋司马造石椁之奢。爰暨暴秦，违道废德，灭三代之制，兴淫邪之法，国赀靡于三泉，人力单于郦墓，玩好穷于粪土，伎巧费于窀穸，自生民以来，厚终之敝，未有若此者。虽有仲尼重明周礼，墨子勉以古道，犹不能御也。是以华夏之士，争相陵尚，违礼之本，事礼之末，务礼之华，弃礼之实，单家竭财以相营赴，废事生而营终亡，替所养而为厚葬，岂云圣人制礼之意乎！记曰：丧虽有礼，哀为主矣。又曰：丧与其易也，宁戚。今则不然，并棺合椁，以为孝恺，丰赀重襚，以昭恻隐，吾所不取也。昔舜葬苍梧，二妃不从，岂有匹配之会，守常之所乎！圣主明王其犹若斯，况于品庶，礼所不及。古人时同即会，时乖则别，动静应礼，临事合宜，王孙裸葬，墨夷露骸，皆达于性理，贵于速变，梁伯鸾父殁，卷席而葬，身亡不反其尸，彼数子岂薄至亲之恩，亡忠孝之道邪！况我鄙暗，不德不敏，薄意内昭，志有所慕，上同古人，下不为咎，果必行之，勿生疑异！恐尔等目厌所见，耳讳所议，必欲改殡以乖吾志，故远采古圣，近搜行事，以悟尔心，但欲制坎，令容棺椁，棺归即葬，平地无坟，勿卜时日，葬无设奠，勿留墓侧，无起封树！於戏！小子！其勉之哉！吾蔑复有言矣。"朱祗、萧建送丧到家，子胤不忍父体与土并合，欲更改殡，祗、建譬以顾命，于是奉行，时称咨明达。《谢承书》曰：咨在京师，病困，故吏萧建经营之，咨豫自买小素棺，使人取干黄土细捣筛之，聚二十石。临卒,谓建曰:"亡后自著所有故巾单衣,先置土于棺内,尸其中以拥其土。"

虽女子亦有抗俗遗言者云。

《后汉书》八十四《列女传》云:汉中陈文矩妻者,同郡李法之姊也。字穆姜,年八十余卒。临终,敕诸子曰:"吾弟伯度,智达士也,所论薄葬,其义至矣。又临亡遗令,贤圣法也。令汝曹遵承,勿与俗同,增吾之累!"诸子奉行焉。树达按:李法字伯度。其卒约当在安帝、顺帝时。法传不及论薄葬事。

第七节 葬期

自始死至葬,其间最近者七日。

《汉书·文帝纪》云:后七年夏六月己亥,帝崩于未央宫。乙巳,葬霸陵。师古曰:自崩至葬凡七日也。树达按:是年六月己亥朔,七日乙巳。

次者或十日。

　　《汉书》五《景帝纪》云：后三年正月甲子，帝崩于未央宫。二月癸酉，葬阳陵。臣瓒曰：自崩及葬凡十日。树达按：是年正月戊戌朔，二十七日甲子；二月戊辰朔，六日癸酉。

　　《后汉书》三《章帝纪》云：建初四年六月癸丑，皇太后马氏崩。秋七月壬戌，葬明德皇太后。树达按：是年六月甲申朔，三十日癸丑；七月甲寅朔，九日壬戌。自崩至葬凡十日。

或十余日至二十日。

　　《后汉书》二《明帝纪》云：永平十八年秋八月壬子，帝崩于东宫前殿。又三《章帝纪》云：永平十八年八月壬戌葬孝明皇帝于显节陵。树达按：壬子，八月六日；壬戌，八月十六日。自崩至葬凡十一日。

　　《后汉书》三《章帝纪》云：章和二年二月壬辰，（二月二字，据《后汉纪》补。）帝崩于章德前殿。卷四《和帝纪》云：章和二年三月癸卯，葬孝章皇帝于敬陵。树达按：二月壬辰，三十日；三月癸卯，十一日。自崩至葬凡十二日。

　　《后汉书》五《安帝纪》云：建光元年三月癸巳，皇太后邓氏崩。丙午，葬和熹皇后。树达按：三月乙巳朔，十三日癸巳，二十六日丙午。自崩至葬凡十四日。

第二章 丧葬

《后汉书》九《献帝纪》云：建安四年，武陵女子死十四复活。注引《续汉志》曰：女子李娥年六十余，死瘗于城外。有行人闻冢中有声。告家人出之。树达按：李娥死十四日于冢中复活，则葬必在第十四日之前。以不能确知，姑列于此。

《汉书》六《武帝纪》云：后元二年二月丁卯，帝崩于五柞宫。三月甲申，葬茂陵。臣瓒曰：自崩至葬凡十八日。树达按：是年二月甲寅朔，十四日丁卯；三月癸未朔，二日甲申。

《后汉书》二《明帝纪》云：永平七年春正月癸卯，皇太后阴氏崩。二月庚申，葬光烈皇后。树达按：正月甲申朔，二十日癸卯；二月癸丑朔，八日庚申。自崩至葬凡十八日。

《后汉书》四《和帝纪》云：永元四年，三月癸丑，司徒袁安薨。偃师出土《袁安碑》云：永元四年□月癸丑薨，闰月庚午葬。树达按：是年闰三月，三月庚子朔，十四日癸丑；闰三月己巳朔，二日庚午。自薨至葬凡十八日。

《后汉书》七《桓帝纪》云：延熹二年秋七月丙午，皇后梁氏崩。乙丑，葬懿献皇后于懿陵。树达按：七月己亥朔，八日丙午，二十七日乙丑。自崩至葬凡二十日。

或二十余日至三十日。

《后汉书》六《冲帝纪》云：永熹元年春正月戊戌（熹原误作嘉），帝崩于玉堂前殿。《质帝纪》云：己未，葬孝冲皇

— 123 —

帝于怀陵。树达按：正月癸巳朔，六日戊戌；二十七日己丑。自崩至葬凡二十二日。

《后汉书》八《灵帝纪》云：熹平元年六月癸巳，皇太后窦氏崩。秋七月甲寅，葬桓思皇后。树达按：是年六月甲申朔，十日癸巳；七月癸丑朔，二日甲寅。自崩至葬凡二十二日。

《汉书》一《高帝纪》云：十二年夏四月甲辰，帝崩于长乐宫。五月丙寅，葬长陵。臣瓒曰：自崩至葬凡二十三日。树达按：四月庚辰朔，二十五日甲辰；五月庚戌朔，十七日丙寅。

《汉书》二《惠帝纪》云：七年秋八月戊寅，帝崩于未央宫。九月辛丑，葬安陵。臣瓒曰：自崩至葬凡二十四日。树达按：八月丁卯朔，十二日戊寅；九月丁酉朔，五日辛丑。

《汉书》八《宣帝纪》云：黄龙元年冬十二月甲戌，帝崩于未央宫。又九《元帝纪》云：初元元年正月辛丑，孝宣皇帝葬杜陵。臣瓒曰：自崩至葬凡二十八日。树达按：黄龙元年十二月戊辰朔，七月甲戌；初元元年正月戊戌朔，四日辛丑。

《后汉书》一下《光武纪》云：中元二年二月戊戌，帝崩于南宫前殿。卷二《明帝纪》云：中元二年三月丁卯，葬光武皇帝于原陵。树达按：二月甲午朔，五日戊戌；三月癸亥朔，五日丁卯。自崩至葬凡三十日。

《后汉书》九《献帝纪》云：中平六年九月丙子，董卓杀皇太后何氏。冬十月乙巳，葬灵思皇后。树达按：九月甲戌朔，三日丙子；十月癸卯朔，三日乙巳。自崩至葬凡三十日。

第二章　丧葬

或三十余日至四十日。

《后汉书》卷六《质帝纪》云：本初元年闰月甲申，（按闰六月。）大将军梁冀潜行鸩弑，帝崩于玉堂前殿。卷七《桓帝纪》云：本初元年秋七月乙卯，葬孝质皇帝于静陵。树达按：是年闰六月甲申朔，七月甲寅朔，二日乙卯。自崩至葬凡三十二日。

《汉书》九十八《元后纪》云：太后建国五年二月癸丑崩。三月乙酉，合葬渭陵。树达按：自崩至葬凡三十三日。又按：是年二月己卯朔，无癸丑日；三月己酉朔，不能有乙酉日，此有误字，再考。

《蔡中郎集·太傅胡广碑》云：建宁五年三月壬戌，薨于位，四月丁酉，葬于洛阳茔。树达按：是年三月乙卯朔，八日壬戌；四月乙酉朔，十三日丁酉。自卒至葬凡三十六日。

《后汉书》六《顺帝纪》云：建康元年八月庚午，帝崩于玉堂前殿。《冲帝纪》云：建康元年九月丙午，葬孝顺皇帝于宪陵。树达按：八月乙丑朔，六日庚午；九月乙未朔，十二日丙午。自崩至葬凡三十七日。

《后汉书》二《明帝纪》云：永平元年五月戊寅，东海王疆薨。六月乙卯，葬东海恭王。树达按：五月丁巳朔，二十二日戊寅；六月丙戌朔，三十日乙卯。自薨至葬凡三十八日。

《后汉书》七《桓帝纪》云：元嘉二年夏四月甲寅，孝崇

— 125 —

皇后匽氏崩。五月辛卯，葬孝崇皇后于博陵。树达按：四月辛亥朔，四日甲寅；五月庚申朔，十二日辛卯。自崩至葬凡三十八日。

《蔡中郎集·朱穆坟前方石碑》云：延熹六年粤四月丁巳，文忠公益州太守朱君名穆字公叔卒于京师，其五月丙申，葬于宛邑北万岁亭之阳旧兆域之南。树达按：是年四月丁未朔，十一日丁巳；五月丙子朔，二十一日丙申。自卒至葬凡四十日。

或四十余日至五十日。

《后汉书》五《安帝纪》云：延光四年三月丁卯，帝崩于乘舆。四月己酉，葬孝安皇帝于恭陵。树达按：是年三月戊午朔，十日丁卯；四月丁亥朔，二十三日己酉。自崩至葬凡四十三日。

《隶释》十一《汉太尉刘宽碑》云：中平二年二月丁卯薨，夏四月庚戌葬。树达按：是年二月庚子朔，二十八日丁卯；四月己亥朔，十二日庚戌。自卒至葬凡四十四日。

《后汉书》七《桓帝纪》云：永康元年十二月丁丑，帝崩于德阳前殿。卷八《灵帝纪》云：建宁元年二月辛酉，葬孝桓皇帝于宣陵。树达按：永康元年十二月庚戌朔，二十八日丁丑；建宁元年二月己酉朔，十三日辛酉。自崩至葬凡四十五日。

《汉书》七《昭帝纪》云：元平元年夏四月癸未，帝崩于未央宫，六月壬申，葬平陵。臣瓒曰：自崩至葬凡四十九日。

树达按：是年四月丁卯朔，十七日癸未；六月丙寅朔，七日壬申。癸未至壬申实五十日，瓒说四十九日，误。

或五十余日至六十日。

《金石录》十八载《汉赵相刘衡碑》云：以中平四年二月戊午卒，其四月己酉葬。树达按：是年二月己丑朔，三十日戊午；四月戊子朔，二十二日己酉。自卒至葬凡五十二日。

《汉书》十《成帝纪》云：绥和二年三月丙戌，帝崩于未央宫。四月己卯，葬延陵。臣瓒曰：自崩至葬凡五十四日。树达按：是年三月己巳朔，十八日丙戌；自丙戌至己卯，确为五十四日。惟是年四月己亥朔。无己卯日，以五十四日数算之，亦不应在四月。《汉书》四月己卯，四月盖五月之误。《汉纪》二十七云：三月丙午，帝崩，四月己卯，葬延陵，自崩及葬三十四日。按：三月己巳朔，不能有丙午。《袁纪》亦误，不可据。

《汉书》九《元帝纪》云：竟宁元年五月壬辰，帝崩于未央宫。秋七月丙戌，葬渭陵。臣瓒曰：自崩及葬五十五日。树达按：是年五月己巳朔，二十四日壬辰；七月戊辰朔，十九日丙戌。

《金石录》十五载《汉丹阳太守郭旻碑》云：延熹元年十月戊戌卒，其十二月丙申葬。树达按：是年十月癸酉朔，二十六日戊戌；十二月壬申朔，二十五日丙申。十一月小尽，自卒至葬凡五十九日。

《后汉书》三《章帝纪》云：建初八年春正月壬辰，东平王苍薨。三月辛卯，葬东平宪王。树达按：是年正月甲子朔，二十九日壬辰；三月癸亥朔，二十九日辛卯。自崩至葬凡六十日。

或六十余日。

　　《后汉书》八《灵帝纪》云：中平六年四月丙辰，帝崩于南宫嘉德殿。六月辛酉，葬孝灵皇帝于文陵。树达按：是年四月丙午朔，十一日丙辰；六月乙巳朔，十七日辛酉。自崩至葬凡六十六日。

　　山东图书馆《金石志》初稿载汉建初残砖云：□五入太学，受《礼》；十六受《诗》，十七受（下缺），十九受《春秋》。以建初元年孟夏四（下缺）其昧爽卒。以其六月二十六日。（下缺）见《山东图书馆季刊》第一集第一期。按：卒日不确知，姑附于此。

或七十余日。

　　《后汉书》四《和帝纪》云：元兴元年冬十二月辛未。帝崩于章德前殿。又《殇帝纪》云：延平元年三月甲申，葬孝和皇帝于慎陵。树达按：元兴元年十二月庚戌朔，二十二日辛未；延平元年三月戊寅朔，七日甲申。自崩至葬凡七十四日。

第二章　丧葬

或八十余日。

《后汉书》五《安帝纪》云：延平元年十二月甲子,清河王薨。永初元年三月甲申,葬清河孝王。树达按：延平元年十二月甲辰朔,二十一日甲子；永初元年三月壬申朔,十三日甲申。自薨至葬凡八十一日。

或百余日。

《汉书》十一《哀帝纪》云：元寿二年六月戊午,帝崩于未央宫。冬十月壬寅,葬义陵。臣瓒曰：自崩至葬凡百五日。树达按：是年六月癸巳朔,二十六日戊午；十月辛卯朔,二日壬寅。

《蔡中郎集·太尉乔玄碑阴》云：光和七年夏五月甲寅,薨于京师,九月乙酉,葬于某所。树达按：是年五月乙巳朔。十日甲寅；九月癸酉朔,十三日乙酉。自卒至葬凡百二十二日。

《后汉书》九《献帝纪》云：魏青龙二年三月庚寅,山阳公薨,八月壬申,以汉天子礼仪藏于禅陵。树达按：是年三月乙酉朔,六日庚寅；八月癸丑朔,二十日壬申。自薨至葬凡百六十三日。

《隶释》九《北军中侯郭仲奇碑》云：建宁四年九月丙子卒,五年三□□□。树达按：三下缺四字,第一字当为月字,第四字当为葬字,第二字第三字则日名之干支也。按：四年九月戊午朔，十九日丙子。葬不能确知其五年三月何日，然若以三月初旬日葬计之，当为百六十许日。以下旬葬，当为百八十许日。或二百余日。

《隶释》九《司隶校尉鲁峻碑》云：熹平元年□月癸酉卒，明年四月庚子葬。树达按：元年下缺一字，不知峻卒于何月。然所缺止一字，则非十一二月可知。又熹平元年本为建宁五年，是年五月己巳始改元。（五月甲寅朔，己巳十六日。）碑称熹平元年，自当在五月己巳以后。以历推之，是年五月二十日及七月二十一日、九月二十二日皆为癸酉日，今始以最后之九月二十二日癸酉峻卒，二年四月二十二日庚子葬计之，元年九月、十月、十二月、二年二月皆大尽，元年十一月、二年正月三月皆小尽，自卒至葬，至少亦得二百八日。若卒在五月七月，则更久矣。

《隶释》八《汉卫尉卿衡方碑》云：建宁元年二月五日癸丑卒，其年九月十七日辛酉葬。树达按：是年二月五月七月皆大尽，三月四月六月八月皆小尽，自卒至葬凡二百十九日。

《隶释》八载《汉冀州从事张表碑》云：建宁元年三月己卯疾而终，其年十有一月丙寅克葬。树达按：是年三月己卯朔，十五日乙巳；十一月乙巳朔，二十二日丙寅。又是年闰三月，自卒至葬二百七十四日。

第二章 丧葬

《金石录》十七载《汉冀州从事郭君碑》云：光和二年终，三年十月葬。树达按：此碑记卒不记月日，葬虽记月，亦不记日。自卒至葬日数不可确知。然即以二年十二月之末卒，三年十月之首葬计之，中间历时九月，已二百七十许日矣。树达按：《隶释》十九亦载此碑云：以光和二年大荒犮纸月戊申晻勿日而终，以其三年十月葬。洪氏云：未详。

或三百余日。

《隶续》十九《汉尉氏令郑季宣碑》云：春秋五十有七，中平二年四月辛亥卒，其三年四月辛酉□葬。树达按：灵帝中平二年四月己亥朔，十三日辛亥；三年四月甲午朔，二十八日辛酉。自卒至葬实得三百七十一日。

又有迟至四百三十三日始葬者。

《隶释》七《汉冀州刺史王纯碑》云：（桓帝）延熹四年八月二十八日甲寅陨殂，五年十一月十八日丙申葬，而立此碑也。树达按：自卒至葬四百三十三日。

山东图书馆《金石志》初稿载《为父作封刻石》云：惟汉永和二年岁在丁丑七月下旬，临乃丧慈父，……来年腊月葬。《山东新志·金石志》云：来年腊月下泐二字，谓安葬也。可以意会。树达按：臘与腊同，谓十二月也。自卒至葬盖五百许日矣。

虽死者为一年仅十二龄之童子，亦久殡至二百三十余日焉。

《隶释》十《童子逢盛碑》云：岁在协洽五月乙巳，嘘噏不反，其十二月丁酉，而安措诸。树达按：此碑光和四年辛酉立，碑云岁在协洽，谓立碑前二年之光和二年己未也。考是年五月甲辰朔，二日乙巳；十二月庚午朔，二十八日丁酉。自卒至葬实得二百三十三日。

大抵西汉末年以后，颇有停丧不葬之风，观于王丹为其里人制留殡之期可以知矣。

《东汉观记》云：王丹同里有丧，辄度其资用，教之俭约，因为其制日定葬，丧其亲不过留殡一月，其下以轻重焉。树达按：丹，西汉末东汉初人。

盖汉人有时日禁忌之说。

《后汉书》四十六《郭镇传》云：吴雄少时家贫丧母，营人所不封土者择葬其中。丧事趣办，不问时日，医巫皆言当族灭，而雄不顾。及子诉、孙恭三世廷尉，为法名家。初肃宗时，司隶校尉下邳赵兴亦不恤讳忌，每入官舍，辄更缮修馆宇，移穿改筑，故犯妖禁，而家人爵禄，益用丰炽，官至颍川太守，子峻太傅，以才器称；孙安世，鲁相，三叶皆为司隶，时称其盛。桓帝时汝南有陈伯敬者，行必矩步，坐必端膝，呵叱狗马，终不言死；目有所见，不食其肉；行路闻凶，便解驾留止；还触归忌，则寄乡亭。年老寝滞，不过举孝廉，后坐女婿亡吏，太守邵夔怒而杀之。时人罔忌禁者多谈为证焉。

《论衡》二十四《讥日篇》云：葬历曰：葬避九空地臽，及日之刚柔，月之奇耦，日吉无害，刚柔相得，奇耦相应，乃为吉良。

又《辨祟篇》云：死者累属，葬棺至十，不曰气相污而曰葬日凶。

又有求择吉地之风。

《后汉书》四十五《袁安传》云：初安父没，母使安访求葬地，道逢三书生，问安何之。安为言其故，生乃指一处，云："葬此地，当世为上公。"须臾，不见。安异之，于是遂葬其所占之地，故累世隆盛焉。

《太平御览》四十七引孔灵符《会稽记》云：永兴县东有洛思山，汉太尉朱隽为光禄大夫时，遭母哀，欲卜墓此山，将洛下冢师归，登山相地。

《后汉书》七十六《王景传》云：景参纪众家数术文书、冢宅禁忌、堪舆日相之属适于事用者，集于《大衍玄基》云。

《水经注》十九《渭水篇》云：汉成帝建始二年，造延陵为初陵。以为非吉，于霸曲亭南更营之。

《水经注》二十八《沔水篇》云：夷水径汉南阳太守秦颉墓北。墓前有二碑，颉以江夏都尉出为南阳太守，径宜城中，见一家东向，颉住车视之，曰："此居处可作冢。"后卒于南阳，丧还至昔住车处，车不肯进。故吏为市此宅葬之。孤坟尚整。

稽迟之故，或以此欤？

第八节 坟墓

坟墓最为汉人所重，故天子于生前即豫作寿陵。

《汉书》五《景帝纪》云：五年春正月，作阳陵邑。张晏曰：景帝作寿陵起邑。

《汉书》六《武帝纪》云：建元二年，初置茂陵邑。应劭曰：武帝自作陵也。

《汉书》八《宣帝纪》云：元康元年春，以杜东原上为初陵，更名杜县为杜陵。

《汉书》九《元帝纪》云：以渭城寿陵亭部原上为初陵。服虔曰：元帝所置陵也，未有名，故曰初。

《汉书》十《成帝纪》云：建始二年闰月，以渭城延陵亭部为初陵。又云：以新丰戏乡为昌陵县奉初陵。又云：永始元年。诏曰：其罢昌陵，反故陵。

《汉书》十一《哀帝纪》云：建平二年七月，以渭城西北原上永陵亭部为初陵。

《后汉书》一下《光武纪》云：建武二十六年，初作寿陵。

《后汉书》二《明帝纪》云：永平十四年，初作寿陵。

而臣民亦于生时自营茔地。如大臣之霍光、张禹。

《汉书》六十八《霍光传》云：光薨，光妻显改光时所自造茔制而侈大之。

《汉书》八十一《张禹传》云：禹年老，自治冢茔，起祠堂。好平陵肥牛亭部，处地又近延陵，奏请求之，上以赐禹。诏令平陵徙亭他所。曲阳侯根闻而争之，言虽切，不见从，卒以肥牛亭地赐禹。

文人冯衍、赵岐、孔耽。

《后汉书》二十八下《冯衍传》载衍自论云：先将军葬渭陵。哀帝之崩也，营之以为园，于是以新丰之东、鸿门之上、寿安之中地执高敞，四通广大，南望郦山，北属泾渭，东瞰河华龙门之阳，三晋之路，西顾鄠鄗周秦之丘，宫观之墟。通视千里，览见旧都，遂定茔焉。李贤注云：冯奉世为右将军，即衍之曾祖。奉世墓入哀帝义陵茔中，所以衍不得入而别求也。

《后汉书》六十四《赵岐传》云：岐建安六年卒，先自为寿藏，图季札、子产、晏婴、叔向四像居宾位，又自画其像居主位，皆为赞讼。

《隶释》五《梁相孔耽神祠碑》云：睹金石之消，知万物有终始，图千载之洪虑，定吉兆于天府，目睹工匠之所营，心欣悦于所处。洪适云：观此文及子得述父之句，是孔君自作寿藏而厥子刊石也。

宦官之侯览、赵忠，皆其例也。

《后汉书》七十八《侯览传》云：览豫作寿冢，石椁双阙，高庑百尺。

《后汉书》十下《灵思何皇后传》云：废少帝为弘农王。初平元年二月，葬弘农王于中常侍赵忠成圹中。沈铭彝《后汉书注补》云：赵岐之寿藏，侯览之寿冢，与此所云成圹，皆即后世生圹寿圹也。黄山云：《宦者传》赵忠为袁绍所捕斩，盖其冢宅皆没入官。

贵臣冢地，往往由国家赐与，以死后见赐者为常。

  《汉书》六十八《金日䃅传》云：日䃅薨，赐葬具冢地。
  《后汉书》三十一《郭伋传》云：伋卒，帝亲临吊，赐冢茔地。
  《后汉书》三十七《桓荣传》云：荣卒，赐冢茔于首山之阳。
  《后汉书》二十七《承宫传》云：宫建初元年卒，肃宗褒叹，赐以冢地。
  《后汉书》四十五《张酺传》云：酺薨，赐冢茔地，赗赠恩宠异于他相。
  《后汉书》四十六《郭镇传》云：镇永建四年卒于家，诏赐冢茔地。
  《后汉书》五十六《张皓传》云：阳嘉元年卒官。遣使者吊祭，赐葬地于河南县。
  《后汉书》七十八《宦官传》云：徐璜卒，赙赠钱布，赐冢茔地。
  《后汉书》七十九下《儒林·高栩传》云：栩建武十三年，卒官，赐钱及冢田。
  《后汉书》八十一《温序传》云：序从事王忠持尸归敛，

光武闻而怜之,命忠送丧到洛阳,赐城旁为冢地。

亦有于生前赐与者。

《汉书》八十一《张禹传》云:禹年老,自治冢茔,起祠堂,好平陵肥牛亭部,处地又近延陵,奏请求之,上以赐禹。诏令平陵徙亭他所。曲阳侯根闻而争之,言虽切,不见从,卒以肥牛亭地赐禹。

《汉书》九十三《董贤传》云:又令将作为贤起冢茔义陵旁。树达按:义陵,哀帝陵,此贤未死时哀帝豫赐葬地也。

其尤宠者,赐冢于天子园陵之旁,曰陪陵。

《法苑珠林》四十九引宋郑缉之《孝子传》云:萧固,何十四世孙,归居沛,何陪长陵,因家关中。

《后汉书》七十九下《儒林·召驯传》云:章和二年,代任隗为光禄勋,卒于官,赐冢茔陪园陵。

《后汉纪》十三云:初,袁安妻早卒,葬乡里,安临终遗令曰:"备位宰相,当陪山陵,不得归骨旧葬。"

《后汉书》五十四《杨秉传》云:秉延熹八年薨,时年七十四,赐茔陪陵。《隶释》十二《大尉杨震碑》云:次秉复登上司,陪陵京师。树达按:延熹,桓帝年号。

第二章 丧葬

陪陵有二，有陪先帝之陵者。

《汉书》七十五《夏侯胜传》云：胜年九十，卒官，赐冢茔，葬平陵。树达按：胜卒于宣帝时，平陵为昭帝陵。

《后汉书》二十六《牟融传》云：融建初四年薨，赐冢茔地于显节陵下。树达按：融卒于章帝时，显节陵则明帝陵也。

《后汉书》七十九下《儒林·伏恭传》云：恭年九十，元和元年卒，赐葬显节陵下。树达按：元和，章帝年号。

《长安志》引扬雄《家牒》云：雄卒，诏陪葬安陵阪上。树达按：此说不足信。安陵，汉惠帝陵。雄卒于莽时，何得令陪葬汉陵，且陪与雄远不相及之惠帝陵耶？此谱牒夸饰之词耳。

有陪当时天子自作之陵者。

《汉书》五十九《张安世传》云：元康四年秋，安世薨，赐茔杜东。《补注》引王启原云：杜为杜陵之三年，安世始薨，赐茔陪陵也。树达按：《宣帝纪》云：元康元年春，以杜东原上为初陵，更名杜县为杜陵，《安世传》云杜东，与纪云杜东原上者正合。王说为陪陵，是也。

《汉书》六十八《金安上传》云：安上薨，赐冢茔杜陵。树达按：安上卒于宣帝时。

《汉书》九十三《董贤传》云：又令将作为贤起冢茔义陵

旁。树达按：义陵，哀帝陵，此贤未死时哀帝豫令陪陵也。

而妇人有赐茔者。

《汉书》三十六《楚元王传》云：休侯富太夫人与窦太后有亲。太守夫人薨，赐茔葬灵户。

又有陪陵者，皆特例也。

《后汉书》三十九《刘般传》云：肃宗即位，以般为长乐少府。建初二年，迁宗正。般妻卒，厚加赗赠，及赐冢茔地于显节陵下。树达按：此亦陪先帝陵。

墓上起坟。

《御览》四百五十七引《楚汉春秋》曰：惠帝崩，吕太后欲为高坟，使从未央宫得见之。诸将谏，不许。东阳侯垂泣曰：陛下见惠帝冢，流涕无已，是伤生也。臣窃哀之。太后乃已。
《群书治要》引崔寔《政论》云：古者墓而不坟，文武之兆与平地齐，今豪民之坟已千坊矣。

种树。

《盐铁论·散不足篇》云：今富者积土成山，列树成林。

《汉北海相景君碑阴》云：惟故臣吏，守卫坟园。陵成宇立，树列既就。

《隶续》五载汉不其令董君阙，上刻展墓图，坟上有树。

树有松柏。

《汉书》七十二《龚胜传》云：胜敕以棺敛丧事："勿随俗动吾冢种柏作祠堂！"

《西京杂记》三云：杜子夏葬长安北四里，墓前种松柏树五株，至今茂盛。

《潜夫论·浮侈篇》云：造起大冢，广种松柏。

《太平御览》九百五十四引《风俗通》云：墓上树柏，路头石虎。《周礼》方相氏入圹驱魍象，魍象好食亡者肝脑，人家不能常令方相立于墓侧以禁御之，而魍象畏虎与柏。

有梧桐。

古诗《孔雀东南飞》云：两家求合葬，合葬华山傍，东西种松柏，左右种梧桐。

有杏。

　　《艺文类聚》七引朱超石与兄书云：登北芒远眺，众美都尽。光武坟边杏甚美，今奉送核。

坟以子筑之者为常。

　　《后汉书》二十《祭遵传》云：遵丧母，负土起坟。
　　《后汉书》五十二《崔寔传》云：初，寔父卒，剽卖田宅，起冢茔，立碑颂。葬讫，资产竭尽，因穷困。
　　《后汉书》七十八《宦者·侯览传》云：建宁二年，览丧母，还家，大起茔冢。
　　《风俗通》五《十反篇》云：范滂父字叔矩，遭母忧，既葬之后，饘粥不赡，因将人客于九江田种蓄牧，多所收获以解债，负土成冢立祀。
　　《太平御览》四百十一引《孝子传》云：宗承字世林，父资丧，葬旧茔，负土作坟，不役僮仆。按：资见《后汉书·党锢传》。

亦有女为父母筑之者。

　　《御览》三百九十六引《三辅决录》云：文帝窦后父遭秦之乱，隐身渔钓；坠渊而卒。景帝即位，后登尊号，遣使者更填父所坠渊，而筑起大坟，观津城南青山是也。

有甥为舅筑之者。

《太平御览》五百二十一引《三辅决录》云：吉闳幼有美名，舅何邈死，家贫子幼，闳自造坟茔殡葬之。

亦有弟子为其师筑之者。

《汉书》八十七《扬雄传》云：钜鹿侯芭常从雄居，受其《太玄》《法言》焉。雄天凤五年卒，侯芭为起坟。《文选》注五十七引《略》云：侯芭负土作坟，号曰玄冢。

《后汉书》三十七《桓荣传》云：荣事博士九江朱普。普卒，荣奔丧九江，负土成坟。

《华阳国志》卷十中云：张钳，字子安，广汉人也。师事犍为谢衷。衷死，负土成坟。

有属吏为其长官筑之者。

《后汉书》五十一《李恂传》云：太守颍川李鸿请署功曹，未及到，而州辟为从事。会鸿卒，恂不应州命，而送鸿丧还乡里。既葬，留起冢坟，持丧三年。

《后汉书》八十一《独行·缪肜传》云：太守陇西梁湛，召肜为决曹史。安帝初，湛病，卒官，肜送丧还陇西。始葬，会西羌反叛，湛妻子悉避乱他郡，肜独留不去，为起坟冢。乃潜穿井旁以为窟室，昼则隐窜，夜则负土，及贼平而坟已立。

有部民为其长吏筑之者。

《汉书》八十九《朱邑传》云：邑病且死，属其子曰："我故为桐乡吏，其民爱我，必葬我桐乡！后世子孙奉尝我不如桐乡民。"及死，其子葬之桐乡西郭外，民果共为邑起冢立祠，岁时祠祭。

《后汉书》三十七《桓典传》云：会国相王吉以罪被诛，故人亲戚莫敢至者。典独弃官收敛归葬，负土成坟。

有由国家筑之者。

《汉书》九十九下《王莽传》云：瓜田仪文降，未出而死。莽求其尸葬之，为起冢祠室。

《后汉书》四十二《中山王焉传》云：焉永元二年薨，诏济南、东海二王皆会，大为修冢茔，开神道。平夷吏人冢墓以千数，作者万余人，发常山、钜鹿、涿郡柏黄肠杂木。三郡不能备，复调余州郡工徒及送致者数千人。凡征发摇动六州十八郡，制度余国莫及。

其事，或由将作大匠任之。

　　《汉书》五十九《张安世传》云：安世薨，赐茔杜东，将作穿复土，起冢。

　　《后汉书》七十八《宦者传》云：单超薨，及葬，发五营骑士将军侍御史护丧，将作大匠起冢茔。

或发近畿卒云。

　　《汉书》六十八《霍光传》云：光薨，发三河卒穿复土，起冢。

　　《汉书》八十一《孔光传》云：将作穿复土，河东卒五百人起坟，如大将军王凤制度。

又有以死者之遗志不起坟者。其故，或以遵俭。

　　《汉书》五十九《张安世传》云：临且死，分施宗族故旧，薄葬，不起坟。

　　《后汉书》三十九《赵咨传》云：咨将终，遗书敕子胤曰："棺归即葬，平地无坟。"

或以虑祸云。

　　《后汉书》八十二《方术·谢夷吾传》云：豫克死日，如期果卒。敕其子曰："汉末当乱，必有发掘露骸之祸。使悬棺下葬，墓不起坟。"

坟之高有定制。《汉律》云：列侯坟高四丈，关内侯以下至庶人各有差，是也。

　　《周礼·春官·冢人》郑注云：《汉律》：列侯坟高四丈，关内侯以下至庶人各有差。

故过高者或自削之。

　　《后汉书》十上《明德马皇后纪》云：初，太夫人葬，起坟微高，太后以为言，兄廖等即时减削。

或以得罪。

　　《潜夫论·浮侈篇》云：明帝时，桑民枞阳侯坐冢过制髡削。

园陵坟高，虽皆在四丈以上，而亦不一。故有高四丈六尺者。

《后汉书·礼仪志》注引《古今注》云: 冲帝怀陵高四丈六尺。

有高五丈五尺者。

《后汉书·礼仪志》注引《古今注》云: 殇帝康陵高五丈五尺。
《后汉书·礼仪志》注引《古今注》云: 质帝静陵高五丈五尺。

有高六丈六尺者。

《后汉书·礼仪志》注引《古今注》云：光武原陵高六丈六尺。树达按：《明帝纪》注引《帝王世纪》云：高六丈。

有高六丈二尺者。

《后汉书·礼仪志》注引《古今注》云: 章帝敬陵高六丈二尺。

有高八丈者。

《后汉书·礼仪志》注引《古今注》云：明帝显节陵高八丈。

有高八丈四尺者。

《后汉书·礼仪志》注引《古今注》云：顺帝宪陵高八丈四尺。

有高十二丈者。

《后汉书·礼仪志》注引《古今注》云：桓帝宣陵高十二丈。又云：灵帝文陵高十二丈。

《水经注》十九《渭水篇》云：傅太后陵与元帝齐者，谓同十二丈也。

有高十五丈者。

《后汉书·礼仪志》注引《古今注》云：安帝恭陵高十五丈，而其面积大小亦不一云。

《后汉书·礼仪志》注引《古今注》云：光武原陵山方三百二十三步。明帝显节陵山方三百步。章帝敬陵山方三百步。和帝慎陵山方三百八十步。殇帝康陵山周二百八步。安帝恭陵山周二百六十步。顺帝宪陵山方三百步。冲帝怀陵山方百八十三步。质帝静陵山方百三十六步。桓帝宣陵山方三百步。灵帝文陵山方三百步。（按：《灵帝纪》注云周围三百步）树达按：光、明、章、和、顺、质、桓、灵帝诸陵皆云方若干步，而殇、安二帝陵则云山周若干步，未知其别所在。或疑言方者言其面积，其坟为方形，言周者乃圆形，未知是否。

朱雲为丈五坟，则群臣之制也。

《汉书》六十七《朱雲传》云：雲年七十余，终于家。遗言以身服敛，棺周于身，土周于椁，为丈五坟，葬平陵东郭外。

孙诒让《周礼正义》卷四十一引孔广森云：雲自以废为庶人，从庶人之制也。

若卫青、霍去病之起冢象山，盖特例云。

《汉书》五十五《卫青、霍去病传》云：去病薨，起冢象祁连山云。……青卒，起冢象庐山云。

绕墓筑垣。

《盐铁论·散不足篇》云：今中者祠堂屏阁，垣阙罘罳。

《汉书》九十三《董贤传》云：令将作为贤起冢茔义陵旁，外为徼道，周垣数里。

《后汉书·礼仪志》下注引《古今注》云：光武原陵垣四出，司马门寝殿钟虡皆在周垣内。

或以石。

《水经注》二十二《洧水篇》云：绥水东南流径汉弘农太守张伯雅墓，茔域四周，垒石为垣，隅阿相降，列于绥水之阴。

或以竹。

《古文苑》张衡《冢赋》云：罗竹藩其域。

墓旁起祠堂。

《盐铁论·散不足篇》云：今中者祠堂屏阁，垣阙罘罳。
《水经注》二十三《阴沟水篇》云：过水四周城侧，（按：谓谯城）城南有曹嵩冢，冢北有碑，碑北有庙堂，余基尚存，柱础仍在。

往往费功亿计。

《后汉书》六十三《李固传》云：固奏纪梁商曰：明将军望尊位显，当以天下为忧，崇尚谦省，垂则万方。而新营祠堂费功亿计，非以昭明令德崇示清俭。

奢僭逾制。

《汉书》九十二《游侠·原涉传》云：王游公说尹公曰：涉治冢舍，奢僭逾制。

祠堂有死者生前豫治之者。

《汉书》八十一《张禹传》云：禹年老，自治冢茔，起祠室。

有死者之妻治之者。

《汉书》六十八《霍光传》云：禹既嗣为博陆侯，太夫人显改光时所自造茔制而大之，盛饰祠室，辇阁通属永巷，而幽良人婢妾守之。

有子孙治之者。

《汉书》九十二《原涉传》云：涉自以为前让南阳赙送，身得其名，而令先人坟墓俭约，非孝也。乃大治起冢舍，周阁重门。
《后汉书》五十五《清河孝王庆传》云：常以贵人葬礼有阙，每窃感恨。欲求作祠堂，恐有自同恭怀梁后之嫌，遂不敢言。

有朋友治之者。

  《艺文类聚》四十引扬雄《家牒》云：子雲以天凤五年卒，葬安陵阪上，桓君山为敛赙起祠堂。

有部民治之者。

  《后汉书》三十七《桓典传》云：国相王吉以罪被诛，故人亲戚莫敢至者。典独弃官收敛归葬，服丧三年，负土成坟，为立祠堂，尽礼而去。

若功臣，则国家为立祠堂。

  《后汉书》二十四《马援传》云：永平初，援女立为皇后。显宗图画建武中名臣列将于云台，以椒房故，独不及援。至十七年，援夫人卒，乃更修封树，起祠堂。

而贵族亦然。

  《后汉书》一下《光武纪》云：悉为舂陵宗室起祠堂。
  《后汉书》十四《安成孝侯赐传》云：帝为营冢堂，起祠庙，置吏卒，如舂陵孝侯。

若良吏有功于民，或吏民为立祠堂。

《汉书》八十九《循吏·文翁传》云：文翁终于蜀，吏民为立祠堂，岁时祭祀不绝。

《汉书》八十九《循吏·朱邑传》云：邑死，葬之桐乡西郭外，民果共为邑起冢立祠。

或国家诏为立祠堂云。

《后汉书》八十六《滇王传》云：蜀平，征文齐为镇远将军，封成义侯，于道卒。诏为起祠堂，郡人立庙祀之。

《后汉书》八十六《邛都夷传》云：太守巴郡张翕，政化清平，得夷人和。卒，夷人爱慕，如丧父母。苏祈叟二百余人赍牛羊送丧至翕本县安汉，起坟祭祀。诏书嘉美，为立祠堂。

国家为臣下立祠堂，葬京师者，或命将作治之。

《汉书》五十九《张安世传》云：安世薨，赐茔杜东，将作穿复土，起冢，筑祠堂。

或发近畿卒治之。

《汉书》六十八《霍光传》云：光薨，发三河卒穿复土，起冢祠堂。

葬郡县者，命郡县长吏治之。

《汉书》九十七上《史皇孙王夫人传》云：迺始以本始四年病死，后三岁，家乃富贵，追赐谥曰思成侯，诏涿郡治冢室。

诸侯王，则命将作往王国治之。

《后汉书》四十二《东海恭王彊传》云：将作大匠留起陵庙。

亦有不筑祠堂者，其故，或以违俗。

《汉书》七十二《龚胜传》云：胜因敕以棺敛丧事："勿随俗动吾冢种柏作祠堂！"

或以遵俭。

《后汉书》六《顺帝纪》云：建康元年八月庚午，帝崩于玉堂前殿，遗诏无起寝庙。

《东观汉记》八《吴汉传》云：汉夫人先死，薄葬小坟，不作祠堂。

《隶释》七《车骑将军冯绲碑》云：将军体清守约，既来归葬，遗令坟茔取藏形而已，不造祠堂。

或以遵王制云。

《后汉书》四十五《张酺传》云：酺病，临危，敕其子曰："显节陵扫地露祭，欲率天下以俭。吾为三公，既不能宣扬王化，令吏人从制，岂可不务节约乎！其无起祠堂，可作槀盖庑，施祭其下而已。"

筑祠堂往往以石。

《水经注》八《济水篇》云：荷河水又东径汉平狄将军扶沟侯淮阳朱鲔冢，墓北有石庙。

《金石萃编》二十一有朱长舒墓石室画像题字，或即以为朱鲔墓石室也。

《水经注》二十二《洧水篇》记汉弘农太守张伯雅墓云：庚门表二石阙，夹对石兽。于阙下冢前有石庙，列植三碑。

《水经注》二十三《获水篇》云：获水径虞县故城北，城东有汉司徒盛允墓碑，延熹中立。墓中有石庙，庙宇倾颓，基构可寻。

《水经注》二十九《比水篇》云：车隆山之西侧，有汉日南太守胡著碑，子珍，骑都尉，尚湖阳长公主，即光武之伯姊也。庙堂皆以青山为阶陛。庙北有石茔，珍之玄孙桂阳太守场以延熹四年遭母忧，于墓次立石祠，勒铭于梁。石宇倾颓，而梁宇无毁。隆山南有一小山坂，有两石虎相对夹隧道，虽处蛮荒，全无破毁，作制甚工，信为妙矣。

《水经注》三十一《滍水篇》云：彭水径其西北汉安邑长尹俭墓东。冢西有石庙。

壁间往往雕刻人物画像。

《水经注》八《济水篇》云：戴延之《西征纪》曰：焦氏山北有金乡山，有汉司隶校尉鲁峻冢。（峻原误作恭，今据《艺文类聚》引改。）冢前有石祠石庙，四壁皆青石隐起。自书契以来忠臣、孝子、贞妇、孔子及七十二弟子形像，像边皆刻石记之，文字分明。

《隶续》十七云：鲁峻石壁残画像：二石，并广三尺，崇二尺。此石上下三横，首行一榜云：祠南郊从大驾出时。次有大车，帐下骑，鲜明骑，小史骑，凡十六榜。大车之上一榜三字，上两字略有左畔偏旁，似是校尉骑字。车前两旁鲜明八骑，

— 156 —

步于中者四人。铃下三十余骑,如鱼鳞然,列两行横车之后。后有骑马二匹,帐下一骑,小史持幢四骑。次横,荐士一人,有榜,奏曹书佐,主簿车,各一榜。有车马,骑史仆射二骑,铃下二骑,各有榜。第三横,冠剑接武十有五人,人一榜,阙里之先贤也。次石上横两榜云:君为九江太守。时车前导者八人,后骑石损其半。少前一榜云:功曹史导。有车马。车前二骑,榜湮灭。中横但刻云气。下横十有六人,形象标榜与前石同。《后汉志》:大驾卤簿,五校在前。按:鲁峻碑尝历九江太守,终于屯骑校尉。从驾南郊,乃屯骑之职。藏此者不知为何人碑。既有九江标榜,又有屯骑职掌,更有先贤形象,定为鲁峻石壁所刻,其谁曰不然!

《水经注》八《济水篇》云:黄水东南流,水南有汉荆州刺史李刚墓,有石阙,祠堂石室三间,椽架高丈余,镂石作椽瓦,屋施平天,造方井,侧荷梁柱,四壁引起,雕刻为君臣官属龟龙麟凤之文,飞禽走兽之像,作制工丽,不甚伤毁。

《隶续》十八云:右荆州刺史李刚石室残画像一轴,高不及咫,长一丈有半。所图车马之上横刻数字云:"君为荆州刺史时。"前后导从有骈骑,有步卒,标榜皆湮没。在后一车,碑失其半,止存"东郡"二字。向前一车,车前有榜,惟"郡太守"三字可认。前后亦有骈骑步卒及没字榜。又一车仅存马足泰半无碑。少前六骑,形状结束,胡人也。其上亦刻数字,惟"乌桓"二字可认。汉长水校尉主乌桓骑又有护乌桓校尉。

此以乌桓为导骑,必二校中李君尝历其一。所图《列女传》三事:其一,三人,车一,马一;无盐丑女,齐宣王,侍郎,凡三榜。车前一榜,无字。其一,四人,三榜,惟梁高行梁使者二榜有字。此二列女,武梁碑中亦有之。其一,四人,樊姬,楚庄王,孙叔敖,梁郑女,凡四榜。后有一榜而阙其人。

宋沈括《梦溪笔谈》十九云:济州金乡县发一古冢,乃汉大司徒朱鲔墓。石壁皆刻人物祭器乐架之类。人之衣冠多品,有如今之幞头者,巾额皆方,悉如今制,但无脚耳。妇人亦有如今之垂肩冠者,如近年所服角冠,两翼抱面,下垂及肩,略无小异。人情不相远,千余年前冠服已尝如此,其祭器亦有类今之食器者。

故有至今岿然尚存者。

按:今山东省肥城县孝堂山有石室三间,石壁有雕画,有汉人来游题字。石室后有墓,此石室即祠堂也。详见翁氏《两汉金石记》、阮氏《山左金石志》、王氏《金石萃编》卷七及日本《国华杂志》二百二十五号。又嘉祥县有武梁祠堂,石壁有画像,详见《隶续》卷六、《金石萃编》二十及日本《国华杂志》二百二十七号。

第二章 丧葬

墓前起阙。

《盐铁论·散不足篇》云：今中者祠堂屏阁，垣阙罘罳。

《汉书》九十三《董贤传》云：令将作为贤起冢茔义陵旁，门阙罘罳甚盛。

《水经法》二十四《汶水篇》云：漆沟水侧有东平宪王苍冢，碑阙存焉。

其数或三。

《汉书》六十八《霍光传》云：光妻显改光时所自造茔而修大之，起三出阙。树达按：三出谓前与左右各一阙也。知者：《后汉书·礼仪志》六注引《古今注》云：明帝显节陵无垣，行马四出。彼四出谓四方，知此三出为三方也。

或二。

《后汉书》七十八《侯览传》云：览豫作寿冢，石椁双阙，高庑百尺。

亦多以石为之。

《水经注》八《济水篇》云：黄水东南流，水南有汉荆州刺史李刚墓，有石阙。

《水经注》二十二《颍水篇》云：蔡冈山上有平阳侯相蔡昭家，冢有石阙，阙前有二碑，碑字沦碎，不可复识。羊虎倾低，殆存而已。

《水经注》二十二《洧水篇》云：绥水东南流，径汉弘农太守张伯雅墓，庚门表二石阙。

《水经注》三十一《漾水篇》云：彭水径其西北，汉安邑长尹俭墓东，冢西有石庙，庙前有两石阙。

往往雕镂工丽。

《水经注》二十三《阴沟水篇》云：谯城南有曹嵩冢，冢北有碑，碑北有庙堂。庙北有二石阙双峙，高一丈六尺，榱栌及柱皆雕镂云矩，上梁慇已碎。阙北有圭碑，题云：汉故中常侍长乐大仆特进费亭侯曹君之阙。

《水经注》二十八《沔水篇》云：邔县南有黄家墓，墓前有双石阙，雕刻甚工，俗谓之黄公阙。黄公名尚，为汉司徒。

阙上勒题额，或标官氏。

《集古录》二云：右汉人阙铭二，其一曰永乐少府贾君阙，其一曰雒阳令王君阙。

《隶释》十三钜鹿太守金君阙云：右钜鹿太守金君阙七字，今在蜀道。

牛运震《金石图》甲下云：尹君尹公阙，一碑两面，一题汉故郎中尹君之阙，一题汉故太尉尹公之阙。在广原县东南数十里侧卧乱山中。

或兼标官职姓字。

《金石录》十四云：汉王雉子阙铭二：其一云：汉故先灵侍御史河内县令王君雉子阙。其一云：汉故兖州刺史雒阳令王君雉子之阙。按：范晔《后汉书·循吏传》：王涣，字雉子，尝为温令。

牛运震《金石图》云：阙在新都县北十二里官道西墓前。高一丈五尺，阔三尺，厚二尺五寸，字径三寸五分。汉故先灵阙，雍正九年，没于沟水中。树达按：《隶续》卷五亦有图。

或兼记官氏名字。

《金石录》十九云：汉杨宗墓阙铭在蜀中，凡十六大字云：汉故益州太守杨府君讳宗字德仲墓阙。

《隶释》十三云：益州太守高颐二阙，其一云：故汉益州太守，武阴令，上计史，举孝廉，诸部从事高颐。字贯方。其一云：汉故益州太守，阴平都尉，武阳令，北府丞举孝廉高府君字贯□。今在雅州。

或单举姓字。

《隶释》十三高直阙云：汉故高君讳直字文玉九字，今在蜀中。

或详记历官。

《金石录》十四云：汉路君阙铭二：其一云：君故豫州刺史，温令，元城令，公车司马令，开阳令，谒者，议郎，征试博士。

或附记造阙年月。

宋赵明诚《金石录》十四云：汉路君阙铭二：其一云：会稽东部都尉路君阙。永平八年四月十四日庚申造。

《隶续》十二右侍无名人墓阙云：右汉右侍之墓五字，侍字之下必有漫灭之文，为粘贴者所翦，其左有光和三年四小字。

其勒铭词者，或纪墓主行事。

《金石录》十四云：汉《郯令景君阙铭》云：惟元初四年三月丙戌，郯令景君卒。君存时，恬然无欲，乐道安贫，信而好古，非法不言，治欧阳尚书，传祖父业，祖父，河南尹；父，步兵校尉，业门徒上录三千余人云云。《隶释》六云：景君阙铭，诸生服义者所立。墓有双石阙，其一刻此文，在济州任城县南。

或纪先代名字历官。

《隶释》十二《赵相雍劝阙碑》云：高祖父讳窦，字伯著，孝廉，河南令，侍御史，九江太守。□□□君子望，字伯桓，右校令云云。

或记作阙者姓名。

《金石录》十四云：汉武氏石阙铭云：建和元年太岁在丁亥，三月庚戌朔，四日癸丑，孝子武始公弟绥宗景兴开明使石工孟孚李弟造此阙，直钱十五万。孙宗作师子，直四万云云。树达按：据此碑可知当时作阙之价值。

又有为刻画者。

　　《隶释》十三有汉故不其令董君阙云：此阙刻一冢，冢上三物植立，若木叶然。二男子拜于前，其后有一妇人二稚子，又有六妇人鱼贯于后。冢旁有一大树，其下有一马，立于木下及马后者各一人。马前有数物，如鸡鹜之状者。树达按：此图见《隶续》五。

　　又处士金恭阙云：题云：处士金恭字子□。此石圭首甚锐，其上刻三足乌，其次横刻此数字，其下有一人执扇而乘马，两旁有螭衔环，近岁出于云安军土中。

　　阮元《广陵诗事》云：汉石阙二，在宝应，其一为孔子见老子及力士庖厨等物象。树达按：此汉射阳石阙，详见《两汉金石记》，《潜研堂金石跋尾》一，《金石萃编》，及张宝德《汉射阳石门画像汇考》。

今亦有存者云。

　　按：雒阳令王稚子阙今尚在四川新都县，武氏石阙今在山东嘉祥县。

墓旁又起楼。

《水经注》二十二《洧水篇》记汉弘农太守张伯雅墓云：池之南又建石楼。

《水经注》三十一《济水篇》云：水南道侧有二石楼。相去六七丈，双峙齐竦，高可丈七八。柱圆围二丈有余，石质青绿，光可以鉴。其上栾栌承栱，雕檐四注，穷巧绮刻，妙绝人工。题言蜀郡太守姓王字子雅，南阳西鄂人，有三女无男，而家累千金。父没当葬，女自相谓曰：先君生我姊妹，无男兄弟。今当安神玄宅，翳灵后土，冥冥绝后，何以彰吾君之德。各出钱五百万，一女筑墓，二女建楼，以表孝思。

《金石录》十九云：汉蜀郡属国都尉王君神道在南阳。碑后有唐向城令张璿之撰《孝女双石楼记》，所书与《水经注》合。惟《水经》误以都尉为太守耳。树达按：《水经注》不明言汉代，得此条确知为汉矣。

筑池。

《古文苑》张衡《冢赋》云：系以修隧，治以沟渎。

《水经注》二十二《洧水篇》记汉弘农太守张伯雅墓云：旧引绥水南入茔域而为池沼。沼在丑地，皆蟾蜍吐水，石隍承溜。

墓前筑神道。

　　《汉书》六十八《霍光传》云：霍显改光时所自造茔制而大之，筑神道。
　　《后汉书》四十二《中山简王焉传》云：焉薨，加赐钱一亿万，诏济南、东海二王皆会，大为修冢茔，开神道。

立表为题署。

　　《汉书》九十二《游侠·原涉传》云：初，武帝时，京兆尹曹氏葬茂陵，民谓其道为京兆阡。涉慕之，乃买地开道，立表，署曰南阳阡。
　　《金石录》十九云：汉逢府君墓石柱篆文云：汉故博士赵傅逢府君神道。
　　又云：汉蜀郡太守任君神道九字，字画壮伟。
　　又云：汉王君神道在南阳，云：汉故蜀郡属国都尉王君神道封陌。
　　《隶释》十三幽州刺史冯焕神道云：故尚书侍郎河南京令豫州幽州刺史冯使君神道。今在渠州。
　　又绵竹令王君神道云：广汉绵竹令王君神道九字。
　　又上庸长司马孟台神道云：故上庸长司马君孟台神道。
　　又韦氏神道云：韦氏神道。树达按：此刻图见《隶续》卷五。

第二章 丧葬

《隶续》二征南将军刘君神道云：有汉征南将军刘君神道。

《隶续》二十侍中杨文父神道云：汉杨侍中文父之神道。

或兼记事行。

欧阳修《集古录》二云：《汉杨霸碑题》云：汉故太尉杨公神道碑铭。文可见者，云：圣汉隆兴，神祇降阯，乃生于公云云。又云：大将军辟举茂才，除襄城令，迁荆州刺史东莱琢郡太守云云。

或兼为刻画。

《隶释》十三交阯都尉沈君二神道云：一云：汉谒者北屯司马左都侯沈府君神道。一云：汉新丰令交阯都尉沈府君神道，今在梁山军。其上各刻朱雀，其形相向。此盖是一人，犹王稚子阙尽书其所历官也。其下又刻龟蛇虎首，所画甚工。树达按：二刻图见《隶续》卷五。

《隶续》三太尉刘宽二神道云：其一曰：汉太尉刘公讳宽字文饶。其一曰：汉太尉车骑将军特进昭烈侯刘公神道。各有一螭蟠屈乎其上而下作兽面，如彝鼎间饕餮之象。树达按：二刻图见《隶续》卷五。

又列石人。

《风俗通》九《怪神篇》云：汝南汝阳彭氏墓，路头立一石人，在石兽后。

《水经注》二十二《洧水篇》记汉弘农太守张伯雅墓云：碑侧树两石人。

设石兽。

《风俗通》九《怪神篇》云：见前条。

《水经注》二十二《洧水篇》记汉张伯雅墓云：庚门表二石阙，夹对石兽。碑侧树两石人，有数石柱及诸石兽矣。……石庙前又翼列诸兽，但物谢时沦，凋毁殆尽。

《水经注》十一《易水篇》云：中山简王焉之葬也，厚其葬，采涿郡山石以树坟茔，陵隧石兽，并出此山。

《金石录》十八《汉赵相刘衡碑》条下云：余尝亲至墓下观此碑，墓前有石兽，制作甚工云。

树石柱。

《水经注》九《清水篇》云：获嘉县故城西有汉桂阳太守赵越墓，冢北有碑：碑东又有一碑，碑北有石柱石牛羊虎，俱

— 168 —

碑，沦毁奠记。

《水经注》二十二《洧水篇》记汉伯雅墓云：有数石柱。

《水经注》三十一《漻水篇》记汉安邑长尹俭墓云：石柱西南有两石羊。

兽有狮子，有天鹿。

《水经注》二十三《汳水篇》云：汉熹平中某君所立。死因葬之，其弟刻石树碑以旌厥德。隧前有狮子天鹿，累砖作百达柱，入所，荒芜颓毁，凋落累尽矣。

《水经注》三十一《漻水篇》记汉安邑长尹俭墓云：阙东有碑，阙南有二狮子相对。

《金石录》十四武氏石阙铭云：孙宗作狮子直四万。

有骆驼。

《水经注》二十四《睢水篇》云：城北五六里，便得汉太尉桥玄墓。冢东有庙，庙南列二柱，柱东有二石羊，羊北有二石虎。庙前东北有石驼，驼西北有二石马，皆高大，亦不甚凋毁。

有马，有象。

《史记·卫、霍列传》索隐云：姚氏案：霍去病在茂陵东，冢上有竖石，前有石马相对，又有石人也。

《西京杂记》五云：陈缟入终南山采薪还，晚趋舍未至，见张丞相墓前石马，谓为鹿也，即以斧挝之。

《水经注》二十三《阴沟水篇》记曹嵩墓云：夹碑东西列对石马，高八尺五寸，石作粗拙，不匹光武隧道所表象马也。

《水经注》二十四《睢水篇》记汉太尉桥玄墓云：庙前东北有石驼，驼西北有二石马，皆高大，亦不甚凋毁。

有虎，有羊。

《水经注》十一《易水篇》云：中山简王焉之葬也，厚其葬，采涿郡山石，以树坟茔。陵隧碑兽，并出此山，有所遗二石虎，后人因以名冈。

《水经注》二十三《阴沟水篇》云：过水径大扶城西，城之东北悉诸袁旧墓，碑字倾低，羊虎碎折。惟司徒滂蜀郡太守腾博平令光碑字，所存惟此，自余殆不可寻。

《水经注》二十四《睢水篇》云：城北五六里，便得汉太尉桥玄墓。冢东有庙，庙南列二柱，柱东有二石羊，羊北有二石虎。

《水经注》三十一《滍水篇》记汉安邑长尹俭墓云：南有石碣二枚，石柱西南有两石羊，中平四年立。

有鹿。

《水经注》二十八《沔水篇》云：沔水又东南径蔡洲，汉长水校尉蔡瑁居之，故名蔡洲。……有蔡瑁冢，冢前刻石为大鹿，状甚大，头高九尺，制作甚工。

至若霍去病墓前石刻为一人乘马，马足下践一人，以象去病之征匈奴。

树达闻之陈寅恪先生说如此。

及杨震墓刻飞集丧前之大鸟，皆特例云。

《后汉书》五十四《杨震传》云：以礼改葬震于华阴潼亭，远近毕至。先葬十余日，有大鸟高丈余集震丧前，俯仰悲鸣，泪下沾地，葬毕，乃飞去。于是时人立石鸟象于其墓所。

石人胸前或勒字记其人。

  山东曲阜瞾相圖今存石人二，皆有刻铭。其一云：汉故乐安太守麃君亭长。又一云：府门之卒。见阮元《山左金石志》。牛运震《金石图》谓为鲁王墓前石人，洪颐煊《平津馆读碑记》据铭词定为乐安守墓前石人。按：洪说是也。

而石兽上亦或刻字，或记兽名。

  《水经注》三十一《滍水篇》云：滍水南有汉中常侍长乐太仆吉成侯州苞冢。（按：苞当作辅。）冢前有碑，基枕西冈，城开四门，门有两石兽，坟倾墓毁，碑兽沦移。人有掘出一兽，犹全不破，甚高壮，头去地减一丈许，作制甚工，左髀上刻作辟邪字。门表堑上起石桥，历时不毁。其碑云：六帝四后，是咨是诹。盖仕自安帝，没于桓后。

  《金石录》十五云：汉州辅墓石兽髀字，其一辟邪，郦道元所见也。其一乃天禄字，差大，皆完好可喜。天禄近岁为村民所毁。辟邪虽存，字画已残缺难辨。此十年前邑人所藏，今不可复得矣。

  《集古录》三云：后汉宗资墓今在邓州南阳界中。墓前有二石兽，刻其髀上，一曰天禄，一曰辟邪。

  《隶续》二十种氏石虎刻字条下云：宗资天禄辟邪是篆文。

或记年月日及造者。

　　《隶续》二十种氏石虎刻字云：光和七年四月五日己丑，孝子种览元博所造。

凡石人石兽今皆有存者云。按：乐安太守墓前石人今存山东曲阜瞿相圃，见前。

　　罗振玉《五十日梦痕录》云：车过学宫，至瞿相圃，观二石人。一题府门之卒者，尚植立完好，其题乐安太守麃府君亭长者，则已断折横卧菜圃中，为之摩娑太息。树达按：此书乃罗君乙卯年（民国五年）游记也。

　　武梁祠堂石狮今存，在山东嘉祥县。

刊石立碑，以表行。

　　《博物志》八云：汉西都时，南宫寝殿内有醇儒王史威长死葬铭曰："明明哲士，知存知亡，崇陇原亶，非宁非康。不封不树，作灵乘光。厥铭何依，王史威长。"

虽古称不与外事之妇人有碑焉，男子无论矣。

《隶释》十二有广汉属国侯李翊夫人碑。

《隶续》二有司农刘夫人碑。

《蔡邕集》有司徒袁公夫人马氏碑。

又有太傅安乐侯胡公夫人灵表。

又有议郎胡公夫人哀赞。

年在童稚之幼子有碑焉，成人无论矣。

《蔡邕集·童幼胡根碑》云：禀命不长，凤雁凶灾，年七岁，建宁二年连疾夭逝。……亲属李陶等相与追慕先君，悲悼遗嗣，树碑刊辞，以慰哀思。

《金石录》十七《汉逢童碑》云：童子讳盛，字伯弥，薄令之玄孙，遂成君之曾孙，安平君之孙，五官掾之长子也。年十有二岁在协洽五月乙巳，噓噏不反，天陨精晃。于是门生东武孙理、下密王升等共刊石，叙述才美，以铭不朽焉。

《蔡邕集·袁满来碑》云：众律其器，士嘉其良，虽则童稚，令闻芬芳。降生不永，年十有五，四月壬寅，遭疾而卒。呜乎悲夫，乃假碑旌于墓。

无位之庶民有碑焉，贵者无论矣。

《隶释》九《故民吴仲山碑》云：熹平元年十二月上旬，

吴公仲山少立名迹，约身刚已，节度无双，不贪仕进，隐匿世间，府县请召，未曾窥城，守鲜贫苦，不豫辉荣。洪适云：所谓故民者，物故之民也。

立碑有死者于生时豫自命之者。

《西京杂记》三云：杜子夏葬长安北四里，临终，作文曰：魏郡杜邺，立志忠款，犬马未陈，奄先朝露，骨肉归于后土，气魂无所不之，何必故丘，然后即化，封于长安北郭，此焉宴息。及死，命刊石埋于墓侧。

《后汉书》六十四《赵岐传》云：岐年三十余，有重疾。卧蓐七年，自虑奄忽，乃为遗令敕兄子曰：大丈夫生世，遁无箕山之操，仕无伊吕之勋，天不我与，复何言哉！可立一员石于吾墓前，刻之曰："汉有逸人，姓赵名嘉，有志无时，命也奈何！"按：岐初名嘉。

有子孙立之者。

《后汉书》五十二《崔寔传》云：初，寔父卒，剽卖田宅，起冢茔，立碑颂。

《金石录》十五《汉丹阳太守郭旻碑》云：昔君即世，虽立碑颂，裁足载字，加有瑕瑕。君之弟故太尉𦵹，归葬旧陵，于是从子故五原太守鸿议郎柔及能孙范怀祖之德，乃更刻石，不改旧文，盖用昭明祖勋焉。树达按：此碑《金石录》有缺字，据《隶续》三补。

《隶释》六《汉中常侍樊安碑》云：嗣子迁自上烝祭，乃寻惟烈考恭修之懿，勒之碑石，俾不失坠。

《隶释》九《汉司隶校尉鲁峻碑》云：息睿不才，悲蓼莪之不报，痛昊天之靡嘉，□企有纪，能不呼嗟，刊石叙衷。

《隶释》八《汉慎令刘修碑》云：弟龙纯恋哀孔怀，孤生㒞、协、邰长号思慕，立此碑铭，以表景行。

《隶释》六《汉国三老袁良碑》云：于是厥孙卫尉滂、司徒掾弘乃刊石作铭。

《隶释》十一《梁相费汛碑》云：适孙玠感奚斯之义，刊铭玄石，旌勒厥美。

有女立之者。

《隶释》十二《先生郭辅碑》云：其季女明文，颍川之夫人也，感惟考妣克昌之德，登山采石，致于墓道，邑人搢绅，刻石作歌，昭示来世。

有弟子立之者。

《后汉书》五十三《姜肱传》云：肱年七十七，熹平二年终于家。弟子陈留刘操追慕肱德，共刊石颂之。

《隶释》六载汉谒者景君基表碑阴刻立碑人名凡十五人，阴义士张敏外，余为弟子宁尊等凡十四人。

有门生立之者。

《隶释》十一《太尉刘宽后碑》云：门生颍川殷苞、京兆□□、河内李照等共所兴立。

树达按：《集古录》二孔宙碑阴条下云：汉世公卿教授，聚徒常数百人，亲受业者为弟子，转次相传授者为门生。

有同岁生立之者。

《隶释》六《汉敦煌长史武斑碑》云：于是金乡长河间高阳、史恢等追惟昔日同岁郎署，故□石铭碑，旌明德焉。

《隶释》八《汉孝廉柳敏碑》云：君清节俭约，厉风子孙，固穷守陋，墓无碑识，县长同岁犍为属国赵台公愤然念素帛之义，为君立碑，传于万基。

有友人同志立之者。

　　《后汉书》五十二《崔寔传》云：建宁中，寔病卒，大鸿胪袁隗树碑颂德。

　　《后汉书》六十二《陈寔传》云：寔中平四年，年八十四，卒于家。何进遣使吊祭，海内赴者三万余人，制衰麻者以百数，共刊石立碑，谥为文范先生。

　　《后汉书》六十八《郭太传》云：太卒于家，四方之士千余人皆来会葬，同志者乃共刻石立碑，蔡邕为文，既而谓涿郡卢植曰："吾为碑铭多矣，皆有惭德，惟郭有道无愧色耳。"

　　《隶释》十二《浚仪令衡立碑》云：诸友含哀伤悼，相与论述，刊斯石以铭。

有国人立之者。

　　《隶释》九《玄儒先生娄寿碑》云：国人乃相与论德处谥，刻石作铭。

　　《隶释》十七《广汉属国都丁鲂碑》云：乡人好事严子修等六十余人，因斯表勒，以效俊彦。

　　《隶续》十一《司隶校尉杨淮碑》云：黄门同郡卞玉字子珪，以熹平二年二月二十一日谒归过此，追述勒铭。

有地方官长立之者。

《后汉书》六十七《巴肃传》云：肃遂被害，刺史贾琮刊石立铭以记之。

《后汉书》八十一《范冉传》云：冉中平二年，年七十四，卒于家，刺史郡守名为立碑表墓焉。

《后汉书》八十四《列女曹娥传》云：元嘉元年，县长度尚改葬娥于江南道傍，为立碑焉。

有故吏民立之者。

《金石录》十五《汉平舆令薛君碑》云：吏民其咨，咨君之德，乃建碑石，于墓之侧。

《金石录》十九《汉赵相雍劝碑》云：故吏民汉中太守邯郸□等慕恋恩德，刊石称颂焉。

《隶释》七《汉山阳太守祝睦后碑》云：故吏王堂等三年礼阕，乃相与刊勒金石。

《隶释》七《汉荆州刺史度尚碑》云：于是故吏感《清庙》之颂，叹斯父之诗，乃□□□云云。

《隶释》七《汉沛相杨统碑》云：故吏戴条等追在三之分，感秦人之哀，乃镌石立碑，勒铭鸿烈。

《隶释》八《汉博陵太守孔彪碑》云：□是□吏崔□□□

王沛等乃刊斯石，钦铭鸿基。树达按：碑阴载故吏崔烈、崔恢、王沛等凡十三人。

《隶释》十一《太尉刘宽碑》云：于是故吏李谦等杂论攸行，纪其大略镌石立碑。

《隶释》十七《益州太守无名碑》云：吏民□□立石纪迹。

有宗族故旧门人合立者。

《隶释》六《汉议郎元宾碑》云：于是族旧门人莫不伤瘁，立铭以咏君德。

有故吏门生合立者。

《集古录》一载《后汉衡方碑》云：于是海内门生故吏采嘉石，树灵碑。

《隶释》十《汉凉州刺史魏元丕碑》云：于是故吏茂才云中太守汉阳□冑等与门生平原曹穆等□山□石。

《隶释》六《汉北海相景君铭》云：于是故吏诸生相与论，乃作诔曰云云。

《隶释》七《汉泰山都尉孔宙碑》云：于是故吏门人乃共陟名山，采嘉石，勒铭示后，俾有彝式。

《隶释》十一《光禄勋刘曜碑》云：于是故吏阳安□令郭

□门生房□等，共立碑刊石。

有乡人姻族合立之者。

《隶释》十七《吉成侯州辅碑》云：于是乡人姻族乃相与刊石树碑，昭宣令闻。

有故吏之子立之者。

《隶续》十一《司空孔扶碑》云：公始即位，辟故襄，……威卿为士曹属东阁祭酒。晨建宁元年四月十一日到官，谒孔子冢，……念殁亲，五内惨恻，霰然陨涕，……晨追感亡父见遇，立石以示后昆。洪适云：此碑之辞，乃司空当国时，辟史晨之父为士曹属东阁祭酒。后三十三年，晨拜鲁相，既谒先圣冢，遂为司空公刻此碑。

又有子孙之门人立之者。

《隶释》十二《汉太尉杨震碑》云：长子牧，牧子统，统之门人汝南陈炽等慕奂斯之追述，树玄石于坟道。

有天子特诏树碑者。

《东观汉记》六《窦贵人传》云：窦贵人早卒，帝追思之，诏史官树碑颂德，帝自为之词。

第九节 归葬

死于他乡，率归葬。

《汉书》八十九《循吏·龚遂传》云：遂，山西南平阳人也。遂拜为水衡都尉，以官寿卒。

《后汉书》六十四《延笃传》云：笃为平阳侯相，表龚遂墓。按：据此遂卒官后归葬也。

《后汉书》四十三《朱穆传》云：有宦者赵忠丧父，归葬安平。

《后汉书》五十三《徐稚传》云：太尉黄琼卒，归葬。

《后汉书》五十三《申徒蟠传》云：太尉黄琼卒，归葬江夏。

《后汉书》六十二《陈寔传》云：时中常侍张让权倾天下，让父死，归葬颍川。

《后汉书》六十三《李固传》云：固字子坚，汉中南郑人。……梁冀畏固名德，终为己害，遂诛之。南阳人董班亦往哭固而殉尸，不肯去。太后怜之，乃听得襚敛归葬。

《水经注·沔水篇》云：李固墓在南郑县长柳村。

《后汉书》七十六《王涣传》云：涣广汉郪人也。为洛阳令，元兴元年，病卒。涣丧西归，道经弘农，民庶皆设槃桉于路。

《后汉书》六十八《许劭传》云：陈蕃丧妻，还葬，乡人毕至。

《隶释》七《车骑将军冯绲碑》云：将军体清守约，既来归葬，遗令坟茔取藏形而已。

《隶释》十《外黄令高彪碑》云：槥柩旋归，故吏门生奔送相随。洪适云：碑名字剥缺不可考。《文苑传》有高彪，吴郡无锡人，史之所书，甚与碑合。家无锡而葬姑苏，盖不远也。则知此乃高彪碑无疑。

故死者遗令多以为言。

《后汉书》三十三《郑弘传》云：弘临没，敕妻子褐巾布衣，素棺殡殓，以还乡里。

《后汉书》三十九《赵咨传》云：咨，东郡燕人也。将终，以遗书敕子胤曰：但欲制坎，令容棺椁，棺归即葬。李注云：归，到东郡也。

《后汉纪》十八云：朱宠将卒，遗令云：敛毕，便以所有牛车夜载丧还乡里。

而父母或待其子丧之返。

《汉书》九十《酷吏·严延年传》云：延年，东海下邳人也。迁河南太守，延年母从东海来，欲从延年腊。到雒阳，适见报囚，母大惊。母毕正腊，谓延年曰："天道神明，人不可独杀，我不意当老见壮子被刑戮也！行矣，去女东归，扫除墓地耳。"师古曰：言待其丧至也。

又有已由国家赐冢地而亲属仍乞归葬者。

《后汉书》二十七《承宫传》云：宫建初元年卒，肃宗褒叹，赐以冢地。妻上书乞归葬乡里，复赐钱三十万。

有已葬赐地数年而改归者。

《后汉书》八十一《独行·温序传》云：迁护羌校尉序行部至襄武，为隗嚣别将苟宇所拘劫，伏剑而死。序从事王忠持丧归敛。光武闻而怜之，命忠送丧到洛阳，赐城傍为冢地。长子寿，服竟，为邹平侯相。梦序告之曰：久客思乡里。寿即弃官上书乞骸骨归葬，帝许之，乃反旧茔焉。

其归也,有由亲属自载丧归者。

《汉书》九十《酷吏·尹齐传》云:齐死,仇家欲烧其尸,妻亡去归葬。

《太平御览》五百五十六引《桓谭新论》云:扬子云为郎,居长安,素贫,比岁亡其两男,哀痛之,皆持归葬于蜀,以此困乏。

《后汉书》二十七《杜林传》云:林,扶风茂陵人也。王莽败,盗贼起,林与弟成俱客河西,隗嚣深相敬待。建武六年,弟成物故,嚣乃听林持丧东归。

《后汉书》三十一《苏不韦传》云:不韦征诣公车,会父谦见杀,不韦载丧归乡里。

《后汉书》八十一《独行·赵苞传》云:苞殡殓母毕,自上归葬。

《后汉书》三十九《赵孝传》云:孝弟礼卒,帝令孝从官属送丧归葬。

有由亲属往丧所迎归者。

《后汉书》四十五《袁闳传》云:父贺为彭城相。及贺卒郡,闳兄弟迎丧。

《后汉书》三十一《廉范传》云:廉范,京兆杜陵人。范父遭丧乱,客死于蜀汉,范遂流寓西州。西州平,归乡里。年十五,辞母西迎父丧。

《后汉书》八十四《列女传》云:吴许升妻者,吕氏之女也,字荣。升被本州辟命,行至寿春,道为盗所害,刺史尹耀捕盗得之。荣迎丧,于路闻而诣州,请甘心仇人。

《后汉书》八十八《西域·于寘传》云:长史赵评在于寘病痈死,评子迎丧,道经拘弥。

《后汉书》八十一《王忳传》云:忳尝诣京师,于空舍中见一书生病困,愍而视之。书生谓忳曰:"我当到洛阳而被病,命在须臾。腰下有金十斤,愿以相赠,死后乞藏骸骨!"未及问姓名而绝。忳即鬻金一斤营其殡葬,余金悉置棺下,人无知者。后归数年,县署忳太度亭长,初到之日,有马驰入亭中而止。其日,大风飘一绣被,覆堕忳前,即言之于县,县以归忳。其后忳乘马到雒县,马遂奔驰牵忳入他舍。主人见之,喜曰:"今禽盗矣!"问忳所由得马,忳具说其状,并及绣被。主人怅然良久,乃曰:"被随旋风与马俱亡,卿何阴德而致此二物?"忳自念有葬书生事,因说之,并道书生形貌及埋金处。主人大惊,号曰:"是我子也!姓金名彦。前往京师,不知所住。何意卿乃葬之!大恩久不报,天以此章卿德耳。"忳悉以马被还之,彦父不取,又厚遗忳,忳辞让而去。时彦父为州从事,因告新都令假忳休,自与俱迎彦丧,余金具存。

《太平御览》四百十一引宋躬《孝子传》云:伍袭父没羌

中,乃学羌语言衣服,与宾客入构诸羌,令相攻袭,乘其仇衅,负丧而归。汉法,死事之孤,皆拜郎中,袭不忍受。

有由朋友送归者。

《后汉书》五十三《申屠蟠传》云:蟠始与济阴王子居同在太学,子居临没,以身托蟠,蟠乃躬推辇车,送丧归于乡里。
《京兆旧事》云:韦豹为武阳令,友人罗陵,犍为县丞,卒官,丧柩流离,豹弃官致丧归。
《华阳国志》十云:任末字叔本,与董奉德俱学京师,奉德病死,推鹿车送其丧。

有由弟子送归者。

《后汉书》三十三《郑弘传》云:弘师同郡河东太守焦贶,楚王英谋反发觉,以疏引贶,贶被收捕,疾病,于道亡没,妻子闭系诏狱,掠考连年,弘髡头负扶锧诣阙上章为贶讼罪。显宗觉悟,即赦其家属,弘躬送贶丧及妻子还乡里。
《后汉书》六十三《李固传》注引《楚国先贤传》云:董班字季,宛人也。少游太学,宗事李固。固死,星行奔赴,哭泣尽哀。班守尸,积十日不去,桓帝嘉其义烈,听许送丧到汉中,赴葬毕而还也。

《华阳国志》十云：纪常，常侍常洽女，赵侯夫人也。父遇害长安，遣父门生翟登张顺迎丧，时寇贼蜂起，顺登得将丧无恙还。

有由故吏送归者。

《后汉书》三十一《廉范传》云：陇西太守邓融备礼谒范为功曹，会融为州所举案，范欲以权相济，于是东至洛阳。居无几，融果征下狱。融系出困病，范随而养视。及死，身自将车送丧致南阳，葬毕乃去。树达按：南阳，融之乡里也。

《后汉书》二十九《鲍永传》云：永父宣，莽以宣不附己，欲灭其子孙，都尉路平承望风旨。规欲害永，太守苟谏拥护，召以为吏，常置府中，永因数为谏陈兴复汉室翦灭篡逆之策。谏每戒永曰："君长！几事不密，祸倚入门。"永感其言。及谏卒，自送丧归扶风。树达按：扶风，谏之乡里也。

《后汉书》五十一《李恂传》云：太守颍川李鸿请署功曹，未及到，而州辟为从事。会鸿卒，恂不应州命，而送鸿丧还乡里。

《后汉书》六十三《杜乔传》云：乔死狱中，妻子归故郡，与李固俱暴尸于城北，莫敢视者。乔故掾陈留杨匡闻之，号泣星行到洛阳。带铁锁诣阙上书，并乞李、杜二公骸骨，太后许之，成礼殡殓，送乔丧还家，葬送行服。

《后汉书》六十六《王允传》云：允年十九，为郡吏。时小黄门晋阳赵津贪横放恣,为一县巨患。允讨捕杀之。而津兄弟谄事宦官,因缘谮诉,桓帝震怒,征太守刘瓆下狱死,允送丧还平原,终毕三年,然后归家。

《后汉书》三十九《刘平传》云:建武初,庞萌反于彭城,攻败郡守孙萌。平时为郡吏,冒白刃伏萌身上;萌死,平扶送萌丧至其本县。

《华阳国志》十下云:永初四年,凉州羌反,溢入汉中,太守河间郑廑屯褒中出战,败绩,羌遂得廑,杀之。程信时为功曹,居守驰来赴难,殡殓廑丧,送还乡里。

有由部民送归者。

《后汉书》五十六《张纲传》云:纲在郡一年,卒,张婴等五百余人制服行丧,送到犍为(按:纲犍为人),负土成坟。

《吴志·陆绩传》注引谢承《后汉书》云:陆康少惇孝弟,太守李肃察孝廉,肃后坐事伏法,康敛尸送丧还颍川,行服。

若功臣,则国家使使者护送之归。

《后汉书》二十六《伏隆传》云:张步平,车驾幸北海,诏隆中弟咸收隆丧,赐给棺敛,太中大夫护送丧事,诏告琅琊作冢。

《后汉书》六十六《王允传》云：后迁都于许，帝思允忠节，使改殡葬之，遣虎贲中郎将奉策吊祭，赐东园秘器，赠以本官印绶，送还本郡。

至若地方长吏遣吏送归，盖特例也。

《后汉书》八十一《王忳传》云：忳除郿令，到官至斄亭，入亭止宿。夜中，闻有女子称冤之声。忳曰："有何枉状，可前求理乎？"女子乃前诉曰："妾夫为涪令，之官，过宿此亭。亭长无状，杀妾家十余口，埋在楼下，悉盗取财货。"忳问亭长姓名，女子曰："即今门下游徼者也。"明旦，召游徼诘问，具服罪，即收系，及同谋十余人悉伏辜，遣吏送其丧归乡里。

亦有不归葬者。

《后汉书》三十一《廉范传》云：范，京兆杜陵人。汉兴，以廉氏豪宗，自苦陉徙焉。世为边郡守，或葬陇西襄武，故因仕焉。

其故，或以贫。

《玠璜新论》引《桓谭新论》云：扬雄为中散大夫，病卒，贫，无以办丧事。以贫困故，葬长安，妻子弃其坟墓，西归于蜀。此罪在轻财通人之蔽也。

或以道远。

《后汉书》三十六《张霸传》云：霸，蜀郡成都人也。年七十，遗敕诸子曰："昔延陵使齐，子死嬴博，因坎路侧，遂以葬焉。今蜀道险远，不宜归茔，可止此葬，足臧发齿而已，务遵速朽，副我本心！"诸子承命，葬于河南梁县。

或以死者之违俗云。

《西京杂记》卷上云：杜子夏葬长安北四里。临终，作文曰："魏郡杜邺立志忠款，犬马未陈，奄先草露。骨肉归于后土，魂气无所不之。何必故丘然后即化。封于长安北郭此焉宴息。"
《后汉书》五十二《崔瑗传》云：瑗临终，顾命子寔曰："夫人禀天地之气以生，及其终也，归精于天，还骨于地，何地不可藏形骸？勿归乡里！"寔奉遗令，遂留葬洛阳。
《后汉书》八十三《梁鸿传》云：疾且困，告主人曰：昔延陵季子葬子于嬴博之间，不归乡里，慎勿令我子持丧归去。及卒，伯通等为求葬地于吴要离冢傍。葬毕，妻子归扶风。
《蔡邕集·陈寔碑》云：临没顾命，留葬所卒。

至若以遗爱之故,特葬于所宦之乡,盖特例也。

《汉书》八十九《循吏·朱邑传》云:邑,庐江舒人也。少时为舒桐乡啬夫,后入为大司农。神爵元年卒。初,邑病且死,属其子曰:"我故为桐乡吏,其民爱我,必葬我桐乡!后世子孙奉尝我不如桐乡民。"及死,其子葬之桐乡西郭外,民果共为邑起冢立祠,岁时祠祭,至今不绝。

诸侯王及其亲属以葬于其封国为常。

《汉书》三十五《吴王濞传》云:孝文时,吴太子入见,侍皇太子饮博,争道不恭,皇太子引博局提吴太子,杀之。于是遣其丧归葬吴。吴王愠,曰:"天下一家,死长安即葬长安,何必归葬。"复遣丧之长安葬。吴王由是怨望。

宋马永卿《嬾真子》五云:扬州天长道中地名甘泉,有大古冢如山,未到三十里,已见之,土人呼为琉璃王冢。按:广陵王胥赐谥曰厉,为刘厉王,转讹为琉璃王,清阮元《揅经室三集·甘泉山获石记》云:扬州甘泉山,旧志皆以为汉厉王冢。旱,鸣鼓攻之,辄致雨,今冢基不可觅,而西峰有灵雨坛旧址,土人亦言山有琉璃王坟。琉璃,刘厉之传讹也。嘉庆十一年,甘泉山画照寺阶下获四石,其一石有"中殿第二十八"字,江郑堂谓即广陵厉王冢上石也。

若薨于京师,则葬京师。

《后汉书》五十《孝明八王传》云:淮阳顷王昞永平五年封常山王,建初四年,徙为淮阳王。立十六年,薨,未及立嗣。永平二年,和帝立昞小子侧复为常山王,奉昞后,是为殇王,立十三年,薨。父子皆未之国,皆葬京师。

《后汉书》五十五《章帝八王传》云:千乘贞王伉立十五年薨,子宠嗣。永元七年,改国名乐安。立二十八年薨,是为夷王。父子薨于京师,皆葬洛阳。

《后汉书》五十五《章帝八王传》云:平春悼王全以建初四年封,其年薨,葬于京师。

《后汉书》五十五《章帝八王·清河王庆传》云:安帝所生母左姬字小娥,姊字大娥,二娥数岁入掖庭,和帝赐诸王宫人,因入清河第。姊妹皆卒,葬于京师。

又云:城阳怀王淑,以永元二年分济阴为国,立五年薨,葬于京师。

又云:广宗殇王万岁,以永元五年封,其年薨,葬于京师。

同又云:平原怀王胜廷平元年封,立八年,薨,葬于京师。

又赞云:三王薨朝。注云:平春王全,广宗王万岁,城阳王淑,并薨于京师也。

国家大臣亦多葬京师云。

《后汉书》四《和帝纪》云：永元三年，诏曰，高祖功臣，萧曹为首，朕望长陵东门，见二臣之垅，循其远节，每有感焉。注云：《东观记》曰：萧何墓在长陵东司马门道百步。

《庙记》云：曹参冢在长陵旁道北近萧何冢。

《东观汉记》五《地理志》云：霍光墓在茂陵东司马门道南四里。

《后汉书》二十《祭遵传》云：遵临死，遗诫：牛车载丧，薄葬洛阳。

第十节 合葬

妇从其夫葬为合葬，凡夫妇以合葬为常。

《汉书》九十七《外戚传》云：高祖薄姬，孝景前二年崩，葬南陵，用吕后不合葬长陵。树达按：据此，知吕后与高祖合葬也。

又云：孝惠张皇后，孝文后元年薨，葬安陵。按：安陵，惠帝陵。

又云：孝文窦皇后崩，合葬霸陵。

又云：孝景王皇后后景帝十五岁，元朔三年崩，合葬阳陵。

又云：孝昭上官皇后建昭二年崩，合葬平陵。

又云：宣王皇后永始元年崩，合葬杜陵，称东园。

又云：孝元傅昭仪元寿元年崩，合葬渭陵。

《汉书》五十五《卫青传》云：青薨，与平阳主合葬。

《后汉书》十上《光烈阴后纪》云：永平七年，崩，合葬原陵。

又《汉明德马后纪》云：合葬显节陵。

《后汉书》十上《章德窦后纪》云：永元九年，太后崩，合葬敬陵。

又《和熹邓后纪》云：永宁二年三月，崩，合葬顺陵。

又十下《安思阎后纪》云：太后崩，合葬恭陵。

又《顺烈梁后纪》云：和平元年，崩，合葬宪陵。

又《孝崇匽皇后传》云：孝崇匽皇后讳明，为蠡吾侯翼媵妾，生桓帝。桓帝即位明年，追尊翼为孝崇皇，陵曰博陵。和平元年，尊为孝崇皇后。元嘉二年崩，合葬博陵。

《后汉书》十下《桓思窦皇后传》云：熹平元年，后感疾而崩，合葬宣陵。

《后汉书》五十六《陈球传》云：熹平元年，窦太后崩。宦者积怨窦氏，遂以衣车载后尸置城南市舍。及将葬，曹节等欲别葬太后，而以冯贵人配祔。诏公卿大会朝堂，令中常侍赵忠监议，太尉李咸时病，乃扶舆而起，捣椒自随，谓妻子曰：

"若皇太后不得配食桓帝,吾不生还矣。"既议,坐者数百人,各瞻望中官,良久,莫肯先言。赵忠曰:"议当时定。"怪公卿以下各相顾望。球曰:"皇太后以盛德良家,母临天下,宜配先帝,是无所疑。"忠笑而言曰:"陈廷尉便宜操笔!"球即下议曰:"皇太后自在椒房,有聪明母仪之德,遭时不造,援立圣明,承继宗庙,功烈至重。先帝晏驾,因遇大狱,迁居空宫,不幸早世。家虽获罪,事非太后。今若别葬,诚失天下之望。且冯贵人冢被发,骸骨暴露,与贼并尸,魂灵污染,且于功无因,何宜上配至尊!"忠省球议,作色俯仰,蚩球曰:"陈廷尉建此议甚健。"球曰:"陈窦既冤,皇太后无故幽闭,臣常痛心,天下愤欲。今日言之,退而受罪,宿昔之愿。"公卿以下皆从球议,李咸始不敢先发,见球辞正,然后大言曰:"臣本谓宜尔,诚与臣意合。"会者皆为之愧。曹节、王甫复争,以为"梁后家犯恶逆,别葬懿陵,武帝黜废卫后,而以李夫人配食。今窦氏罪深,岂得合葬先帝乎!"李咸乃诣阙上疏,曰:"臣伏惟章德窦后虐害恭怀,安思阎后家犯恶逆,而和帝无异葬之议,顺朝无贬降之文。至于卫后,孝武皇帝身所废弃,不可以为比。今长乐太后尊号在身,亲尝称制,坤育天下,且援立圣明,光降皇祚。太后以陛下为子,陛下岂得不以太后为母。子无黜母,臣无贬君,宜合葬宣陵,一如旧制。"帝省奏,谓曹节等曰:"窦氏虽为不道,而太后有德于朕,不宜降黜。"节等无复言,于是议者乃定。

第二章　丧葬

《隶释》十二《相府小史夏堪碑》云：娉会谢氏，并灵合柩。树达按：会谓妻也。《意林》引《风俗通》云：汝南张妙会杜士。士家取妇，酒后相戏，妙缚士，捶之二十下。亦谓妻为会可证。

乐浪王盱墓凡四棺，除盱一棺外，余皆女棺，乃合葬也。

有已离绝之夫妇合葬者。

古诗《孔雀东南飞》云：两家求合葬，合葬华山傍。

有本非夫妇取男女两殇合葬者。

《周礼·地官·媒氏》云：禁迁葬者与嫁殇者。郑注云：殇：十九以下未嫁而死者。生不以礼相接，死而合之，是亦乱人伦者也。郑司农云：嫁殇者谓嫁死人也，今时娶会是也。孙诒让《周礼正义》卷二十六谓《夏堪碑》娉会即娶会，亦通。

甚有与其私夫合葬者。

《汉书》六十五《东方朔传》云：武帝馆陶公主号窦太主，堂邑侯陈午尚之，午死，主寡居，年五十余矣，近幸董偃。……偃年三十而终。后数岁，窦太主卒，与董君会葬于霸陵。

— 197 —

惟皇后有罪被废,则不合葬云。

　　《汉书》九十七《外戚·孝景薄皇后传》云:皇后废,废后四年薨,葬长安城东平望亭南。

　　又《孝武陈皇后传》云:废后薨,葬霸陵郎官亭东。

　　《汉书》九十七《外戚·孝武卫皇后传》云:孝武卫皇后自杀,黄门苏文姚定汉舆置公车令空舍,盛以小棺,瘗之城南桐柏。

　　又《孝宣霍皇后传》云:霍后立五年,废处昭台宫。后十二岁,徙云林馆,乃自杀,葬昆吾亭东。

　　又《孝成许后传》云:后立十四年而废,后九年,天子使廷尉孔光持节赐废后药,自杀,葬延陵交道厩西。

　　《后汉书》十上《光武郭后纪》云:十七年,废为中山王太后。二十八年,后薨,葬于北芒。

　　又《和帝阴皇后传》云:帝使司徒鲁恭持节赐后策,上玺绶,迁于桐宫。以忧死,葬临平亭部。

　　又《桓帝邓皇后传》云:八年诏废后,以忧死。葬在北邙。

凡夫妇二人,其一先死已葬,其合葬也,或取新丧送至前丧葬所合葬。

　　《汉书》九十七《外戚传》云:定陶丁姬为帝太后。建平二年,丁太后崩。上(哀帝)曰:"《诗》云:穀则异室,死则同穴。昔季武子成寝,杜氏之墓在西阶下,请合葬而许之。

附葬之礼,自周兴焉。孝子事亡如事存,帝太后宜起陵恭皇之园。"遣大司□骠骑将军明东送葬于定陶,贵震山东。

《后汉书》十下《孝仁董皇后传》云:后忧怖疾病,暴崩。丧还河间,合葬慎陵。

或取前丧至新丧之所与新丧合葬。

《后汉书》十上《光武郭后纪》云:光武郭皇后,真定槀人也。父昌,建武二十六年,后母郭主薨,帝遣使者迎昌丧柩与主合葬。

《后汉书》五十五《清河孝王庆传》云:殇帝崩,立庆长子祜为嗣,是为安帝。帝所生母左姬字小娥,姊字大娥。二娥数岁入掖庭。和帝赐诸王宫人,因入清河第。及后幸爱极盛。姊妹皆卒,葬于京师。庆薨,太后使掖庭丞送左姬丧与王合葬广丘。

亦有夫妇分葬者,其故或以祔葬。

《风俗通》二《正失篇》云:袁伯楚名彭,临病困,敕使留葬侍卫先公,慎无迎取汝母丧柩!如亡者有知,往来不难;如其无知,只为烦耳!虞舜葬于苍梧,二妃不从,经典明文,勿违吾志!

或以道远云：

　　《华阳国志》十云：敬司马氏女，五更张霸伯饶妻也。霸卒，葬河南，敬司与诸子还蜀。疾病，遗令告诸子曰："舜葬苍梧，二妃不从，汝父在梁，吾自在蜀，亦各其志，勿违吾敕也！"遂葬蜀。

若有死难不得遗骨者，则招魂合葬。

　　《后汉书》十五《邓晨传》云：晨初娶光武姊元。汉兵败于长安，光武单马遁走，见元，趣令上马。元以手挥，曰："行矣！不能相救，无为两没也！"会追兵至，元及三女皆遇害，光武即位，追封谥元为新野节长公主。晨卒，诏遣中谒者备公主官属礼仪招迎新野主魂，与晨合葬于北芒，乘舆与中宫亲临丧送葬。

　　《水经注》七《济水篇》云：沛公起兵野战，丧皇妣于黄乡。天下平定，乃使使者以梓宫招魂幽野，因作寝以宁神也。

　　树达按：此招魂葬，虽非合葬，以类附记于此。

合葬者以同棺椁相接为常。

　　《后汉书》七十二《董卓传》云：及何后葬，开文陵，卓悉取藏中珍物。李注云：文陵，灵帝陵。

《乐浪》云：本墓凡四棺五尸。由遗存之敛具考之，中棺之遗骸为男子。又以棺内之木印文证之，其为本墓之主要人物无疑。其东棺及西棺之遗骸又旁棺之北乡者皆女子。其旁棺之南乡者，以敛具不明，不知其男女。

又注云：本墓椁室之构造，初意本止容两棺（中棺，东棺）。继以葬后逐渐纳棺，遂加改造，知本墓内男女遗骸乃合葬，非殉葬也。又《乐浪》第九号坟，初本为容纳两棺之构造，但由其遗物观之，知其仅葬一棺，第二棺未尝入葬。又其椁盖之构造，较椁壁远为粗略，乃待他日合葬毕后之细营，情事如见（三十五叶）。树达按：观此段及下引《后汉书·樊宏传》云云：知合葬同椁，盖无疑义。

亦有嫌其不便，同坟而异藏者。

《后汉书》三十二《樊宏传》云：宏建武二十七年卒，遗敕薄葬，一无所受，以为棺柩一藏，不宜复见，如有腐败，伤孝子之心。使与夫人同坟异藏。帝善其令，以书示百官，因曰：今不顺寿张侯意，无以彰其德。且吾万岁之后，欲以为式。《后汉纪》云：各自一埏道。

《汉书》九十《元后传》云：太后建国五年二月癸丑崩。三月乙酉，合葬渭陵。《莽传》云：与元帝合而沟绝之。

第十一节 祔葬

子孙从其父祖葬为祔葬，所谓归旧茔，是也。

《汉书》七十三《韦玄成传》云：玄成病且死，因使者自白曰："不胜父子恩，愿乞骸骨归葬父墓。"上许焉。

《后汉书》十下《灵帝宋皇后传》云：后父酆，执金吾。光和元年，后自致暴室，以忧死。父及兄弟并被诛。诸常侍小黄门在省闼者皆怜宋氏无辜，共合钱物收葬废后，及酆父子归宋氏旧茔皋门亭。

《太平御览》四百十一引《孝子传》云：宗承字世林，父资丧，葬归茔。

以此往往一地而一家数世父子兄弟并葬焉。

《水经注》十九《渭水篇》云：故渠又东迳汉丞相周勃冢南，冢北有亚夫冢。树达按：勃，亚夫，父子。

《水经注》二十三《阴沟水篇》云：洨水迳大扶城西，城之东北悉诸袁旧墓，碑字倾低，羊虎碎折，惟司徒滂，蜀郡太守腾,博平令光碑字。所存惟此,自余殆不可寻。

又云:谯城南有曹嵩冢,有圭碑题云:汉故中常侍长乐太仆特进费亭侯曹君之碑,延熹三年立。又有兄腾冢,冢东有碑,题云:汉故颍川太守曹君墓,延熹九年卒,而不刊树碑年月。坟北有其元子炽冢,冢东有碑,题云:汉故长水校尉曹君之碑,熹平六年造。炽弟胤冢,冢东有碑,题云:汉谒者曹君之碑,熹平六年立。

《水经注》二十六《汶水篇》云:牟山之西南有孙宾硕兄弟墓,碑志并在也。

《水经注》二十九《比水篇》云:隆山西侧有汉日南太守胡著碑,子珍,骑都尉。尚湖阳长公主,即光武之伯姊也。珍之玄孙桂阳太守玚以延熹四年遭母忧,于墓次立石,嗣勒铭于梁,石宇倾颓,而梁宇无毁。

《金石录》十五《汉丹杨太守郭旻碑》云:昔君即世,虽立碑颂,裁足载字。君之弟故太尉蒇,归葬旧陵。

罗振玉《五十日梦痕录》记游孔林云:短垣外为孔氏族葬处,泰山都尉宙、博陵太守彪、郡曹史谦墓皆在焉。

若旧茔迫窄,不能复葬,则徙于他所。

《隶释》八《郎中马江碑》云:故茔迫窄,兆告斯土,先君之庚地,东看祖祢,西眷旧庐。

《隶续》二十《斥彰长田君断碑》云：□□盈笮，改莹于此。

及有他故，不能复葬者，亦然。

《后汉书》二十八下《冯衍传》载衍自论云：先将军葬渭陵。哀帝之崩也，营之以为园，于是以新丰之东鸿门之上寿安之中地执高敞，四通广大，南望郦山，北属泾渭，东瞰河华龙门之阳三晋之路，西顾酆鄠周秦之丘宫观之墟。通视千里，览见旧都，遂定茔焉。李贤注云：冯奉世为右将军，即衍之曾祖。奉世墓入哀帝义陵茔中，所以衍不得入而别求也。

若得罪于国家，则不敢归冢次或以遗令。

《后汉书》五十四《杨震传》云：震谓其诸子门人曰："身死之日，勿归冢次，勿设祭祠！"因饮鸩而卒。

《后汉书》六十三《李固传》注引谢承《后汉书》云：固临终，敕子孙，素棺三寸，幅巾殡殓于本郡硗确之地，不得还墓茔污先公兆域。

或以家族之畏慎。

《后汉书》二十四《马援传》云：援卒后，有上书谮之者，帝益怒。援妻孥惶惧，不敢以丧还旧茔，裁置城西数亩地槀葬而已。又朱勃讼援书云：家属杜门，葬不归墓。

罪赦乃得归葬云。

《后汉书》十六《邓骘传》云：朱宠上疏讼骘曰：尸骸流离，怨魂不反，宜收还冢次，以谢亡灵。帝意颇惨，乃谴让州郡，还葬洛阳北芒旧茔。

第十二节 改葬

已葬而复徙为改葬。改葬之故不一，有以追褒而改葬者。

《汉书》六十三《戾太子传》云：卫后史良娣葬长安城内，史皇孙、皇孙妃王夫人及皇女孙葬广明，皇孙二人随太子者与太子并葬湖。宣帝即位，有司奏亲谥宜曰悼，母曰悼后，故皇太子谥曰戾。以湖阌乡邪里聚为戾园，长安白亭东为戾后园，广明成乡为悼园，皆改葬焉。《外戚传·史皇孙王夫人传》同。《水经注·渭水篇》云：昆明故渠东迳奉明县广成乡之广明苑南，史皇孙及王夫人葬于郭北，宣帝迁苑南为悼园，在东都门。

《后汉书》四《和帝纪》云：永元九年九月甲子，追尊皇妣梁贵人为皇后。冬十月乙酉，改葬恭怀梁后于西陵。

《后汉书》九《献帝纪》云：兴平元年，追尊谥皇妣王氏为灵怀皇后，改葬于文昭陵。

《后汉书》十下《灵思何皇后传》云：有司奏追尊王美人为灵怀皇后，改葬文昭陵，仪比敬恭二陵。使光禄大夫持节行司空事奉玺绶，斌与河南尹骆业复土。

《后汉书》十三《公孙述传》云：初，常少、张隆劝述降，不从，并以忧死。帝下诏追赠少为太常，隆为光禄勋，以礼改葬之。

《后汉书》三十四《梁竦传》云：诸窦恐梁氏得志，遂谮杀二贵人，而陷竦等以恶逆。诏使汉阳太守郑据传考竦罪，死狱中。永元九年，窦太后崩，帝追封谥竦为褒亲愍侯，遣中谒者与嬗及扈备西迎竦丧诣京师改殡，赐东园画棺、玉匣、衣衾，建陵于恭怀皇后陵傍，帝亲临送葬，百官毕会。

《后汉书》十下《安思阎后纪》云：顺帝母李氏瘗在洛阳城北。帝初不知，莫敢以闻。及太后崩，左右白之。帝感悟发哀，亲到瘗所，更以礼殡，上尊谥曰恭愍皇后，葬恭北陵。

《后汉书》四十二《楚王英传》云：废英徙丹阳泾县。英至丹阳，自杀，以诸侯礼葬于泾。元和三年，遣谒者备王官属迎英丧，改葬彭城，加王赤绶羽盖，葬藻如嗣王仪。

《后汉书》八十四《列女·曹娥传》云：娥父盱溺死，不得尸骸。娥年十四，乃沿江号哭，昼夜不绝声，旬有七日，遂投江而死。至元嘉元年，县长度尚改葬娥于江南道傍，为立碑焉。

《后汉书》五十四《杨震传》云：震饮鸩而卒，弘农太守移良承樊丰等旨遣吏于陕县留停震丧，露棺道侧。岁余，顺帝即位，樊丰、周广等诛死，震门生诣阙追讼震事，朝廷咸称其忠，乃下诏除二子为郎，赠钱百万，以礼改葬于华阴潼亭。

《华阳国志》五云：吴汉以公孙述臣常少、李隆忠谏，发愤病死表迁葬。

有以追贬而改葬者。

《汉书》九十七《定陶丁姬传》云：元始五年，莽复言："共王母（按：即傅太后）丁姬前不臣妾，至葬渭陵，冢高与元帝山齐，怀帝太后皇太后玺绶以葬，不应礼。礼有改葬，请发共王母及丁姬冢，取其玺绶消灭，徙共王母归定陶葬共王冢次，而葬丁姬复其故。"

有因欲合葬而改葬者。

《汉书》九十七《外戚·史皇孙王夫人传》云：宣帝赐外祖母号为博平君。初，廼始（按：王廼始为宣帝之外祖父。）以本始四年病死，后三岁，家乃富贵，追赐谥曰思成侯，诏涿郡治冢室。岁余,博平君薨,谥曰思成夫人,诏徙思成侯合葬奉明顾成庙南。

有先槀葬而后改葬者。

《后汉书》二十四《马援传》云:帝怒,援妻孥惶惧,不敢以丧还旧茔,裁买城西数亩地槀葬而已,宾客故人莫敢吊会。严与援妻子草索相连诣阙请罪,帝乃出松书以示之,方知所坐。上书诉冤,前后六上,辞甚哀切,然后得葬。

《后汉书》三十一《苏不韦传》云:不韦征诣公车,会父谦见杀,不韦载丧归乡里,瘗而不葬。……不韦后遇赦还家,乃始改葬行丧。

有以先葬之地遭水而改葬者。

《水经注》五《河水篇》云:昔南阳文叔良以建安中为甘陵丞,夜宿水侧,赵人兰襄梦求改葬。叔良明循水求棺,果于水侧得棺,半许落水。叔良顾亲旧曰:若闻人传此,吾必以为不然。遂为移殡,醊而去之。

若有停丧不葬者，或所在长吏葬之。

《后汉书》三十五《曹褒传》云：褒在射声营舍，有停棺不葬者百余所。褒亲自履行，问其意，故吏对曰："此等多是建武以来绝无后者，不得埋掩。"褒乃怆然为买空地，悉葬其无主者，设祭以祀之。

《北堂书钞》三十九引《蔡中郎集·颍川太守王立义葬流民颂》云：哀此髑髅，悗彼孤坟，遭水为泥，逢风成尘，殓以时服，葬于洛殡。

或国家饬吏葬之云：

《后汉书》五《安帝纪》云：元初二年二月戊戌，遣中谒者收葬京师客死无家属及棺椁朽败者，皆为设祭，其有家属尤贫无以葬者，赐钱人五千。

《后汉书》六《质帝纪》云：诏曰：兵役连年，死亡流离，或支骸不敛，或停棺莫收，朕甚愍焉。昔文王葬枯骨，人赖其德。今遣使者案行，若无家属及贫无资者，随宜赐恤以慰孤魂。

《后汉书》七《桓帝纪》云：建和三年，诏曰：今京师厮舍，死者相枕，郡县阡陌处处有之，甚违周文掩骴之义。其有家属而贫无以葬者，给直人三千，丧主布三匹。若无亲属，可于官壖地葬之，表识姓名，为设祠祭。

第十三节 赙赠

亲故以财物送丧家为赙,有以缣帛者。

《后汉书》二十七《王丹传》云:时河南太守同郡陈遵,关西之大侠也。其友人丧亲,遵为护丧事,赙助甚丰。丹乃怀缣一匹陈之于主人前,曰:"如丹此缣,出自机杼。"遵闻而有惭色。树达按:丹送缣一匹,亦所以为赙。又丹子同门生丧亲,丹令子寄缣以祠,亦以缣为赙也。

有以钱者。

《论衡》十二《量知篇》云:贫人与富人俱賫钱百,并为赙礼。

家贫不能具赙者,则以力助之。

《汉书》四十《陈平传》云:邑中有大丧,平家贫,侍丧以先往后罢为助。

丧家贫者，往往待赙以举丧。

《汉书》四十三《朱建传》云：建母死，贫，未有以发丧，方假贷服具。陆贾素与建善，乃见辟阳侯曰：前日君侯欲知平原君，平原君义不知君，以其母故。今其母死，君诚厚送丧，则彼为君死矣。辟阳侯乃奉百金祝。列侯贵人以辟阳侯故，往赙凡五百金。

《汉书》九十二《原涉传》云：见前第一节人初死条下。

《后汉书》二十七《王丹传》云：丹家累千金，好施周急。没者则赙给，亲自将护，其有遭丧忧者，辄待丹为办。

《后汉书》五十二《崔寔传》云：寔建宁中病卒，家徒四壁立，无以殡殓，光禄勋杨赐、太仆袁逢、少府段颎为备棺椁葬具。

中都官死者，官属有送。

《汉书》八十八《儒林·欧阳生传》云：元帝即位，地余侍中，贵幸，至少府。戒其子曰："我死，官属即送汝财物，慎毋受！汝，九卿儒者子孙，以廉洁著，可以自成。"及地余死，少府官属共送数百万，其子不受。天子闻而嘉之，赐钱百万。

郡县长吏死者，吏民有送。

《后汉书》四十四《张禹传》云：禹父歆终于汲令，汲吏人赙送前后数百万，悉无所受。

而国家又有法赙。

《汉书》七十七《何并传》云：并疾病，召丞掾作先令书曰："告子恢：吾生素餐日久，死虽当得法赙，勿受！"如淳曰：公令吏死官，得法赙。

《后汉书》三十一《羊续传》云：旧典，二千石卒官，赙百万。

凡赙赠，丧家或受或否，不受者或以死者之遗令。

《后汉书》三十一《羊续传》云：续病卒，遗言薄敛，不受赠遗。旧典：二千石卒官，赙百万。府丞焦俭遵续先意，一无所受。诏书褒美，敕太山太守以府赙钱赐续家云。

《后汉书》五十二《崔瑗传》云：瑗临终，顾命子寔曰：其赗赠之物，羊豕之奠，一不得受！

《后汉书》五十八《盖勋传》云：勋卒，遗令勿受董卓赙赠。

《后汉书》十八载朱宠将卒遗令云：身没之后，百僚所赙赠，一无所受。

或由于遗孤之高行。

《汉书》九十二《原涉传》云：涉父，哀帝时南阳太守，天下殷富，大郡二千石死，官赋敛送丧皆千万以上，妻子通共受之，以定产业。涉父死，让还南阳赗送，由是显名京师。

《后汉书》二十五《鲁恭传》云：父某，建武初为武陵太守，卒官。时恭年十二，弟丕七岁，昼夜号踊不绝声，郡中赗赠无所受。

《后汉书》四十五《袁闳传》云：父贺，为彭城相，及贺卒郡，闳兄弟迎丧，不受赗赠。

《后汉书》六十四《吴祐传》云：祐年二十，丧父，居无儋石，而不受赡遗。

《华阳国志》一云：巴郡严王思为扬州刺史，居官十八年卒，义送者赍钱百万，欲以赡王思家，其子徐州刺史不受。

今人周进《汉晋石影》三十六《汉□朝侯小子残碑》云：□僚赠送赙礼五百万以上，君皆不受。又铭辞云：辞赙距赗，高志凌云。

即师友衣衾之祝，亦有以死者之遗言不受者。

《汉书》七十三《鲍宣传》云：郇相，王莽时征为太子四友。病死，莽太子遣使祝以衣衾，其子攀棺不听，曰："死父遗言：师友之送勿有所受。今于皇太子得托友官，故不受也。"京师称之。

贵臣死，天子有赙送。

《后汉书》二十三《窦融传》云：融卒，谥曰戴侯，赙送甚厚。

《后汉书》二十四《马廖传》云：永元四年卒，和帝以廖先帝之舅，厚加赗赙。

《后汉书》三十一《杜诗传》云：诗病卒，司隶校尉鲍永上书言：诗贫困无田宅，丧无所归，诏使治丧郡邸，赙绢千匹。

《后汉书》三十二《樊儵传》云：永平十年，儵卒，赠赙甚厚，谥曰哀侯。

《后汉书》四十二《中山王焉传》云：焉永元二年薨。自中兴至和帝时，皇子始封薨者，皆赙钱三千万，布三万匹；嗣王薨，赙钱千万，布万匹。是时窦太后临朝，窦宪兄弟擅权，睦于焉而重行礼，加赙钱一亿。

《后汉书》五十五《济北惠王寿传》云：寿立三十一年薨。自永初以后，戎狄叛乱，国用不足，始封王薨，减赙钱为千万，布万匹，嗣王薨，赙钱五百万，布五千匹，时唯寿最尊亲，特赙钱三千万，布三万匹。

虽贵臣之亲属死，亦有赙焉。

《后汉书》三十九《刘般传》云：建初二年，迁宗正。般妻卒，厚加赗赠。

第十四节 护丧

为丧家经纪丧事为护丧。护丧者或以朋友。

《后汉书》卷二十七《王丹传》云：时河南太守同郡陈遵。关西之大侠也。其友人丧亲，为护丧事，赙助甚丰。

或以门生。

《汉书》七十二《龚胜传》云：胜因敕以棺敛丧事，语毕，遂不复开口饮食，积十四日死。死时七十九矣。门人衰绖治丧者以百数。

或以里中豪杰。

《汉书》三十一《项籍传》云：每吴中有大繇役及丧，梁尝为主办，阴以兵部勒宾客及子弟，以是知其能。……梁举吴中兵，部署豪杰为校尉侯司马。有一人不得官，自言。梁曰："某时某丧，使公主某事，不能办，以故不任公。"众乃皆服。

有国家使使者护丧者，其人或为诸侯王。

《后汉书》二《明帝纪》云：永平元年五月，戊寅，东海王彊薨，遣司空冯鲂持节视丧事。赐升龙旄头、鸾辂、龙旂。

《后汉书》四十二《东海恭王传》云：王薨，天子从太后出幸津门亭发哀，使大司空持节护丧事，大鸿胪、副宗正、将作大匠视丧事，赠以殊礼，升龙旄头、鸾辂、龙旂、虎贲百人。

《后汉书》五《安帝纪》云：延平元年十二月甲子，清河王薨。使司空持节吊祭，车骑将军邓骘护丧。

《后汉书》四十二《东平王苍传》云：遣大鸿胪持节，五官中郎将副监丧及将作使者凡六人。

《后汉书》五十五《清河孝王庆传》云：庆薨，使长乐谒者、仆射中谒者二人副护丧事，赐龙旂九旒、虎贲百人。

或为贵戚。

《后汉书》十下《灵思何皇后传》云：王美人兄斌迁执金吾，封都亭侯，食邑五百户。病卒，赠前将军印绶，谒者监护丧事。

《后汉书》五《安帝纪》云：永初四年冬十月甲戌，新野君阴氏薨，使司空持节护丧事。

卷十《皇后纪·和熹邓后》同。

或为大臣。

《后汉书》十五《来歙传》云：使太中大夫赠歙中郎将征羌侯印绶，谥曰节侯，谒者护丧事。

《后汉书》二十《祭遵传》云：遵丧至河南县，诏大长秋谒者河南尹护丧事。大司农给费。

《后汉书》三十九《刘恺传》云：恺卒于家，诏使者护丧事。

《后汉书》四十四《胡广传》云：广熹平元年薨。使五官中郎将持节奉策赠太傅安乐乡侯印绶，给东园梓器，谒者护丧。

而东汉时之宦者，亦有此荣典云。

《后汉书》七十八《宦者·孙程传》云：及程卒，侍御史持节监护丧事。

《后汉书》七十八《宦者·单超传》云：超薨，使者理丧；及葬，发五营骑士将军侍御史护丧。

第十五节　丧期

自文帝有短丧之令。

《汉书》四《文帝纪》云：后七年夏六月己亥，帝崩于未央宫。遗诏曰：盖天下万物之萌生，靡不有死。死者，天地之理，物之自然，奚可甚哀！当今之世，咸嘉生而恶死，厚葬以破业，重服以伤生，吾甚不取。且朕既不德，无以佐百姓。今崩，又使重服久临，以罹寒暑之数，哀人父子，伤长老之志，损其饮食，绝鬼神之祭祀，以重吾不德，谓天下何！……朕既不敏，常畏过行，以羞先帝之遗德，惟年之久长，惧于不终，今乃幸以天年，得复供养于高庙，朕之不明与嘉之，其奚哀念之有！其令天下吏民：令到，出临三日，皆释服。无禁取妇嫁女祠祀饮酒食肉，自当给丧事服临者，皆无践，绖带无过三寸，无布车及兵器，无发民哭临宫殿中，殿中当临者，皆以旦夕，各十五举音，礼毕罢，非旦夕临时，禁无得擅哭。以下（索隐云：以下谓柩已下于圹）服大红十五日，小红十四日，纤七日，

第二章 丧葬

释服。服虔曰：大红小红，皆言大功小功布也。纤，细布衣也。师古曰：红与功同。刘攽曰：文帝意既葬除重服，制大红小红，所以渐即吉耳。

武帝初，窦婴田蚡尝欲革之，而以礼为服制，事不果行。

《汉书》五十二《田蚡传》云：婴、蚡俱好儒术，欲设明堂，令列侯就国，以礼为服制，以兴太平。树达按：后以婴、蚡免官，故事不果行。

由是凡三年之丧，未葬，服斩衰。

《汉书》六十八《霍光传》云：孝昭皇帝早弃天下，亡嗣。臣敞等议，礼曰：为人后者为之子也，昌邑王宜嗣后。遣宗正、大鸿胪、光禄大夫奉节使征昌邑王典丧，服斩衰，亡悲哀之心，废礼谊，居道上，不素食。

《汉书》八十六《朱博传》云：博为丞相，与御史大夫赵玄奏言："时天子衰粗，委政于丹。"师古曰：言新有成帝之丧，斩衰粗服，故天子不亲政事也。

既葬，服大功十五日，小功十四日，纤七日，凡葬后三十六日除服。

《汉书》八十四《翟方进传》云：方进身既富贵而后母尚在。方进内行修饰，供养甚笃。及后母终，既葬，三十六日除服，起视事。以为身备汉相，不敢逾国家之制。树达按：事在成帝时。

若公孙弘当武帝时服后母丧三年，盖仅见之事也。

《汉书》五十八《公孙弘传》云：养后母孝谨，后母卒，服丧三年。树达按：此事在武帝时。

哀帝世，制博士弟子父母死，予宁三年，不及其他。

《汉书》十一《哀帝纪》云：诏曰：博士弟子父母死，予宁三年。师古曰：宁谓归家持丧服。

然成哀之世，实已渐有行三年之丧者。

《汉书》八十三《薛宣传》云：宣有两弟明修。后母常从修居官。宣为丞相时，修为临菑令，宣迎后母，修不遣。后母病死，修去官持服。宣谓修："三年服少能行之者。"兄弟相驳，不可，修遂竟服。由是兄弟不和。树达按：此事在成帝时。

第二章 丧葬

《后汉书》八十一《独行·刘茂传》云：哀帝时，察孝廉，再迁五原属国侯，遭母忧去官。服竟后，为沮阳令。

且其时行者，或为天子所褒扬。

《汉书》五十三《河间献王传》云：成帝建始元年，复立元弟上郡库令良，是为河间惠王。良修献王之行，母太后薨，望丧如礼。哀帝下诏褒扬曰："河间王良丧太后三年，为宗室仪表。其益封万户！"树达按：《哀纪》亦载此诏，在哀帝初即位时，实成帝绥和二年六月，则良之服丧，乃成帝时事也。

或为衣冠所叹慕。

《汉书》九十二《游侠·原涉传》云：涉父，哀帝时为南阳太守。时又少行三年丧者，及涉父死，让还南阳賻送，行丧冢庐三年，由是显名京师。礼毕，扶风谒请为议曹，衣冠慕之辐辏。

或为乡里所称许。

《后汉书》二十《铫期传》云：期父猛为桂阳太守，卒，期服丧三年，乡里称之。树达按：传文下记光武略地颍川云云，则此事当在西汉末。

其不行者，则为同列所讥弹。

《汉书》八十三《薛宣传》云：哀帝初即位，博士申咸给事中，亦东海人也，毁宣不供养行丧服，薄于骨肉，前以不忠孝免，不宜复列封侯在朝省。

当时风气之所趋亦可见矣。
及后王莽当国，始盛倡三年丧制。

《汉书》九十九上《王莽传》云：平帝崩，莽征明礼者宗伯凤等与定：天下吏六百石以上，皆服丧三年。

又云：居摄三年九月，莽母功显君死，意不在哀。令新都侯宗为主，服丧三年云。

又九十九中《王莽传》云：建国五年二月，文母皇太后崩，莽为太后服丧三年。

光武时，虽尝绝告宁之典。

《后汉书》四十六《陈忠传》云：光武皇帝绝告宁之典。

第二章 丧葬

然后汉初世,实多行三年丧者。

《后汉书》二十六《韦彪传》云:彪孝行纯至,父母卒,哀毁三年,不出庐寝。服竟,羸疾骨立异形,医疗数年乃起。树达按:下文记建武末云云,此当在光武初也。

《后汉书》二十九《鲍永传》云:永迁扬州牧,会遭母忧去官。树达按:下文记建武十一年云云,知此事当在光武时。

《后汉书》三十上《杨厚传》云:厚祖父春卿,善图谶学,为公孙述将。汉兵平蜀,春卿自杀。临命,戒子统曰:"吾绨帙中有先祖所传秘记,为汉家用,尔其修之!"统感父遗言,服阕,辞家,从犍为周循学习先法。树达按:此事在光武时。

《后汉书》三十一《廉范传》云:范,京兆杜陵人。父遭丧乱,客死于蜀汉,范遂流寓西州。西州平,归乡里。年十五,辞母西迎父丧归葬,服竟,诣京师受业。树达按:传文下记永平初云云,此事当在光武时。

《后汉书》三十二《阴识传》云:(光武)建武二年,以征伐军增封,识叩头让,帝甚美之,以为关都尉,迁侍中,以母忧辞归。

《后汉书》三十二《樊鯈传》云:鯈事后母至孝,及母卒,哀思过礼,毁病不自支,世祖常遣中黄门朝暮送馔粥。服阕,就侍中丁恭受《公羊严氏春秋》。

《后汉书》三十九《刘平传》云:拜济阴郡丞,太守刘育甚重之，任以郡职，上书荐平。会平遭父丧去官，服阕，拜全椒长。树达按：传文下记显宗初云云，知此事在光武时。

《后汉书》三十九《江革传》云：建武末年，与母归乡里，母终，至性殆灭。尝寝伏冢庐，服竟不忍除，郡守遣丞掾释服，因请以为吏。树达按：传文下记永平初云云，知此事在光武时。

《后汉书》四十四《邓彪传》云：永平十七年，征入为太仆。数年，丧后母，辞疾乞身，诏以光禄大夫行服。钱大昭曰：邓彪本太仆，而以光禄大夫行服者，光禄大夫非中二千石，仍遵旧制公卿二千石不行三年服也。树达按：此事在明帝时。

《后汉书》四十下《班固传》云：固后以母丧去官。树达按：传文下记永元初云云，知此事在明帝或章帝时。

《后汉书》三十九《刘平传》云：中兴，卢江毛义以孝行称，及义母死，去官行服。树达按：传文下记建初中云云，知在明帝或章帝时事。

《后汉书》四十一《寒朗传》云：建初中，肃宗大会群臣，朗前谢恩。诏以朗纳忠先帝，拜为易长。岁余，迁济阳令，以母丧去官。

《后汉书》二十五《鲁恭传》云：拜中牟令，恭在事三年，州举尤异。会遭母丧去官，吏人思之。树达按：此在章帝时。

《后汉书》三十七《桓郁传》云：肃宗即位，郁以母忧乞身，诏听以待中行服。按：此在章帝时。

《后汉书》三十九《周磐传》云：磐和帝初，拜谒者。后思母弃官还乡,母没,哀至几于毁灭,弃终,遂庐于冢侧。

虽女子亦行焉。

《后汉书》十上《和熹邓皇后传》云:后父训,永元(和帝)四年,当以选入。会训卒,后昼夜号泣,终三年不食盐菜。憔悴毁容,亲人不识之。按:此在和帝时。

其不服丧者,不免为天子所讥。

《后汉书》三十三《虞延传》云:(明帝)永平初,有新野功曹邓衍,以外戚小侯每豫朝会,而姿容趋步有出于众,显宗目之,特赐舆马衣服。帝既异之,乃诏衍令自称南阳功曹诣阙。既到,拜郎中,迁玄武司马。衍在职,不服父丧,帝闻之,乃叹曰:"知人则哲,惟帝难之,信哉斯言!"衍惭而退。

而天子盖亦自行之云。

《续汉书·礼仪志》上注引《谢承书》云:蔡邕《车驾上原陵记》云:以明帝圣孝之心,亲服三年。
《后汉书》二十五《鲁恭传》云:和帝初立,议遣车骑将军窦宪与征西将军耿秉击匈奴。恭上疏谏曰:"陛下躬大圣之德，履至孝之行，尽谅阴三年，听于冢宰。"

《后汉书》十下《灵思何皇后传》云：兴平元年，帝加元服，有司奏立长秋官。诏曰："皇母前薨，未宅卜兆。礼章有阙，中心如结。三岁之戚，盖不言吉，且须其后。"树达按：据此，献帝主行三年丧也。

安帝时，令大臣二千石行三年丧制。

《汉书》五《安帝纪》云：元初三年十一月丙戌，初听大臣二千石，刺史行三年丧。

《后汉书》三十九《刘恺传》云：旧制：公卿二千石刺史不得行三年丧，由是内外众职并废丧礼。元初中，邓太后诏：长吏以下不为亲行服者，不得典城选举。时有上言：牧守宜用此制。诏下公卿，议者以为不便。恺独议曰："诏书所以为制服之科者，盖崇化厉俗以弘孝道也。今刺史，一州之表；二千石，千里之师。职在辨章百姓，宣美风俗，尤宜尊重典礼，以身先之。而议者不寻其端，至于牧守，则云不宜，是犹浊其源而望流清，曲其形而欲景直，不可得也。"太后从之。

又四十六《陈忠传》云：元初三年，有诏大臣得行三年丧，服阕还职。忠因此上言："孝宣皇帝旧令：人从军屯及给事县官者，大父母死未满三月，皆勿令徭，令得葬送，请依此制。"太后从之。

旋复废止。

《后汉书》五《安帝纪》云：建光元年十一月庚子，复断大臣二千石以上服三年丧。又四十六《陈忠传》云：建光中，尚书令祝讽、尚书孟布等奏以为孝文皇帝定约礼之制，光武皇帝绝告宁之典，贻则万世，诚不可改，宜复建武故事。忠上疏略曰："高祖受命，萧何创制，大臣有宁告之科，合于致忧之义。大臣终丧，成乎陛下，圣功美业，靡以尚兹。"宦竖不便之，竟覆忠奏而从讽布议，遂著于令。树达按：令后五年复断。

至桓帝时，先后令刺史二千石及中官行三年丧服。

《后汉书》七《桓帝纪》云：永兴二年，三月辛丑，初听刺史二千石行三年丧服。

《后汉书》六十四《赵岐传》云：永兴二年，辟司空掾，议二千石得去官为亲行服，朝廷从之。

《后汉书》七《桓帝纪》云：永寿二年春正月，初听中官得行三年服。注云：中官，常侍以下。

而刺史二千石旋复断行。

《后汉书》七《桓帝纪》云：延熹二年三月，复断刺史二千石行三年丧。树达按：自永兴二年至延熹二年，亦今后五年复断。

《后汉书》六十二《荀爽传》云：延熹九年，爽对策陈便宜曰：臣闻之于师曰：汉为火德，火生于木，木盛于火，故其德为孝。故汉制使天下诵《孝经》，选吏举孝廉。夫丧亲自尽，孝之终也。今之公卿及二千石，三年之丧不得即去，殆非所以增崇孝道而克称火德者也。往者孝文劳谦，行过乎俭，故有遗诏以日易月，此当时之宜，不可贯之万世。今公卿群寮皆政教所瞻，而父母之丧不得奔赴，夫失礼之源自上而始。古者大丧三年不呼其门，所以崇国厚俗笃化之道也。事失宜正，过勿惮改，天下通丧，可如旧礼。树达按：延熹二年断行三年丧，此爽讥之也。

而世自若行之者，盖上自诸侯王。

《后汉书》四十二《东平王苍传》云：敞丧母至孝，国相陈珍上其行状，永宁元年，邓太后增邑五千户。又《东海王彊传》云：顺帝诏曰：曩者东平孝王敞兄弟行孝，丧母如礼，有增户之封。树达按：《苍传》第云：敞丧母至孝，然《东海王彊传》顺帝褒美东海王臻之寝苫三年，而引及敞事，且云其丧母如礼，则三年可知矣。又按：此事在安帝时。

《后汉书》四十二《东海王彊传》云：顺帝诏曰：东海王臻以近蕃之尊，孝敬自然，事亲尽爱，送终竭哀，降仪从士，

第二章 丧葬

寝苫三年。树达按：事在顺帝时。

《后汉书》五十五《济北惠王传》云：次九岁丧父，至孝。建和元年梁太后下诏曰：济北王次以幼年守藩，躬履孝道，父没哀恸，焦毁过礼，草庐土席，衰杖在身，头不枕沐，体生疮肿。谅暗已来，二十八月，自诸国有忧，未之闻也。朝廷甚嘉焉。今增次封五千户，广其土宇，以慰孝子恻隐之劳。树达按：此事在冲帝质帝时。

《后汉书》四十二《任城孝王尚传》云：延熹四年，桓帝立博为任城王。博有孝行，丧母服制如礼，增封三千户。树达按：事在桓帝时。

《后汉书》五十《彭城靖王恭传》云：和性至孝，太夫人薨，行丧陵次，毁瘠过礼，傅相以闻，桓帝诏使奉牛酒迎王还宫。树达按：此在桓帝时。

次至公卿。

《后汉书》四十四《胡广传》云：灵帝立，……代为太傅。及母卒，居丧尽礼，率礼无愆。树达按：此事在灵帝时。

下及士大夫云。

《后汉书》三十九《刘平传》云：安帝时，汝南薛包孟尝

— 229 —

丧母以至孝闻,及父娶后妻而憎包,分出之,包日夜号泣不能去,至被殴杖,不得已庐于舍外,旦入而洒扫,父怒,又逐之,乃庐于里门,昏晨不废。积岁余,父母惭而还之。后行六年服,丧过乎哀。树达按:行六年服,有为父及后母也。事在安帝时。

《后汉书》六十一《黄琼传》云:琼初以父任为太子舍人,辞病不就,遭父忧,服阕,五府俱辟,连年不应。树达按:传文下云永建中云云,此事盖在安帝时。

《后汉书》三十《郎𫖮传》:𫖮上书云:黄琼入朝日浅,谋谟未就,因以丧病致命遂志。

《后汉书》二十九《鲍昱传》云:昱子德,德子昂,有孝义节行。初,德被病数年,昂俯伏左右,衣不缓带。及处丧,毁瘠二年,抱负乃行。服阕,遂潜于墓次,不关时务。

《风俗通》四《过誉篇》云:汝南戴幼起三年服竟,让财与兄。按:当在安帝时。

故居官则去职。

《后汉书》十六《邓骘传》云:永初四年,母新野君寝病,骘兄弟并上书求还侍养。太后以闾最少,孝行尤著,特听之。及新野君薨,骘等复乞身行服,章连上,太后许之。骘等既还里第,并居冢次。及服阕,诏喻骘还辅朝政。《后汉书》八十四《列女·曹世叔妻班昭传》云:永初中,太后兄大将军

— 230 —

第二章　丧葬

邓骘以母忧上书乞身，太后不欲许，以问昭。昭因上疏，太后从而许之，于是骘等各还里第焉。

《后汉书》三十七《桓焉传》云：安帝永宁中，焉以母忧，自乞听以大夫行丧。树达按：以上二事，恰在安帝令行服之后令断之前。

《后汉书》十五《来历传》云：顺帝永建元年，拜历车骑将军。三年，母长公主薨，历称病归第。服阕，复为大鸿胪。

《后汉书》四十八《霍谞传》云：谞迁金城太守，遭母忧，自上归行服。服阕，公车征，再迁北海相。树达按：此事在顺帝时。

《后汉书》六十六《陈蕃传》云：初仕郡，举孝廉，除郎中。遭母忧，弃官行丧。树达按：下文云太尉李固表荐，固为太尉在冲帝质帝时，此盖顺帝时事。

《金石录》十五载《汉丹杨太守郭旻碑》云：迁治书侍御史，以父忧去官。还拜郎中侍御史，遭母忧，服除，复拜郎中。按：旻卒于桓帝延熹元年。

《后汉书》七十六《刘矩传》云：矩举孝廉，相迁雍丘令。在县四年，以母忧去官。树达按：下文有太尉胡广举矩云云，广为太尉在质帝时，则此事当在顺冲二帝时事。

《金石录》十四载《吴郡丞武开明碑》云：迁长乐太仆。永嘉元年，丧母去官。

《后汉书》六十一《周举传》云：迁光禄勋，会遭母忧去

— 231 —

职,后拜光禄大夫。建和(桓帝)三年卒。树达按:举去职盖在冲帝质帝时。

《隶释》七《冀州刺史王纯碑》云:迁左都侯,丧父,服除复拜郎□。树达按:纯以顺帝永和二年察孝廉,以桓帝延熹四年卒。

《后汉书》五十二《崔寔传》云:司徒黄琼荐寔,拜辽东太守,行道,母刘氏病卒,上疏求归葬行丧。服竟,召拜尚书。树达按:此当在桓帝时。

《集古录》二载《后汉王元赏碑》云:郡察孝廉,郎中谒者,宛陵丞,封邱令,母忧去官。服祥,辟司空府。延熹四年五月辛酉,遭命而终。树达按:此在桓帝时。

《隶释》九《司隶校尉鲁峻碑》云:(桓帝)延熹七年二月丁卯,拜司隶校尉。遭母忧,自乞,拜议郎。服竟,还拜屯骑校尉。

《隶释》八《卫尉衡方碑》云:迁会稽东部都尉。会丧太夫人,寝暗苫块,仍□上言,倍荣向哀。礼服祥除,征拜议郎。树达按:方卒于灵帝建宁元年,事当在桓帝时。

《隶释》十《太尉陈球碑》云:迁繁阳令,丧母去官。服除,辟司徒府,拜侍御史。树达按:球卒于灵帝光和二年,丧母或当在桓帝时。

《隶释》十《安平相孙根碑》云:府君讳根,司空公之伯子。圣朝简□□□□议大夫,升降阊阖,天子是裨,谠言未列,

第二章 丧葬

遭公夫人忧，憔悴消形，齿不见口，服阕，征拜议郎谒者。树达按：根卒于灵帝光和四年，丧母或当在桓帝时。

《隶释》十《凉州刺史魏元丕碑》云：除郎中当书侍郎右丞，遭泰夫人忧，服阕还台，拜尚书郎。树达按：元丕卒于灵帝光和四年。

《后汉书》七十一《皇甫嵩传注》引《续汉书》云：嵩举孝廉，为郎中，迁陵霸临汾令，以父丧遂去官。树达按：此事约在桓帝时。

《隶续》十五《成皋令任伯嗣碑》云：除郎中蜀郡府丞江州令，以服去官。树达按：碑下文云：延熹五年七月迁来临县云云，知此在桓帝时。

《隶续》十九《丹杨太守郭旻碑》云：迁敬陵园令，廷尉左平治书侍御史。以父忧去官。还拜郎中侍御史。遭母忧，服除，复拜郎中治书侍御史。树达按：旻卒于延熹元年。

《隶续》十九《封丘令王元宾碑》云：察孝廉郎谒者考工苑陵叶封丘令。以母忧去官。服祥，辟司空府。树达按：元宾卒于延熹四年。

《后汉书》七十一《朱隽传》云：振旅还京师，以为光禄大夫，增邑五千，更封钱塘侯，加位特进，以母丧去官。树达按：此在灵帝时。

《后汉书》七十四《袁绍传》云：绍少为郎，除濮阳长，遭母忧去官。三年礼竟，追感幼孤，又行父服。树达按：下文有叔父太傅袁隗闻而呼绍云云,隗为太傅在献帝时,此当是灵帝时事。

《隶释》九《广汉属国侯李翊碑》云:君讳翊,从事君之元子也。(灵帝)建宁元年,遭从事君忧,去官。

《隶释》十一《巴郡太守樊敏碑》云:迁宕渠令,布化三载,遭离母忧,五五断仁,大将军辟。洪适云:五五断仁,谓二十五月也。树达按:敏卒于献帝建安八年。

《隶释》十一《绥民校尉熊君碑》云:遭母忧五□□去官。树达按:熊君卒于献帝建安二十一年。

《隶释》十一《光禄勋刘曜碑》云:除郎中谒者大官令,丧母,服阕,复为郎中朱爵司马。树达按:此碑碎裂,失其卒年。

《华阳国志》十下云:季姜年八十一卒,四男弃官行服。

除官则不赴。

《后汉书》十六《邓骘传》云:甫德更召征为开封令。丧母,遂不仕。树达按:此事在顺帝时。

《后汉书》八十一《范冉传》云:桓帝时,以冉为莱芜长,遭母忧,不到官。

《后汉书》三十五《郑玄传》云:后将军袁隗表为侍中,以父丧不行。树达按:此当在灵帝或献帝时。

《后汉书》五十六《种劭传》云:献帝即位,出为益、凉

— 234 —

二州刺史。会父拂战死,竟不之职。服终,征为少府大鸿胪。

《蔡中郎集·彭城姜肱碑》云:征河南尹,母忧乞行,服阕奔命。

其遵国制不服三年者,盖仅见也。

《隶释》八《博陵太守孔彪碑》云:迁□京府丞。未出京师,遭大君忧,泣逾皋鱼,丧过乎哀。谨畏旧章,服竟还署。树达按:孔君卒于建宁四年。

凡亲丧有未得即时行服者,则追服。其未得行服之故,或以家变故。

《后汉书》十上《章德窦皇后传》云:梁贵人者,梁竦之女也。与中姊俱选入掖庭为贵人,生和帝后养为己子,欲专名外家而忌梁氏。八年,乃作飞书以陷竦,竦坐诛,贵人姊妹以忧卒。和帝即位,尊后为皇太后。九年,太后崩,梁贵人姊嫕上书陈贵人枉殁之状。帝以贵人酷殁,殓葬礼阙,乃改殡于丞光宫,追服丧制,百官缟素。

《后汉书》四十三《何敞传》云:百姓化其恩礼,其出居者皆归养其父母,追行丧服,推财相让者二百许人。

或以亲属得罪。

《华阳国志》十下云：李固为梁冀所免，文姬与二兄议匿弟燮，久之遇赦，燮得还行丧服。

或以行役在外。

《后汉书》十九《耿恭传》云：恭母先卒，及还，追行丧制。

又有以初丧年幼，哀礼有阙，重行丧制者。

《后汉书》四十二《东海王彊传》云：臻及弟蒸乡侯俭并有笃行，兄弟追念初丧父幼小，哀礼有阙，因复重行丧制。

《后汉书》七十四上《袁绍传》云：绍除濮阳长，遭母忧去官，三年礼竟，追感幼孤，又行父服。

臣子有私丧，国家或以诏令令之释服，则后世夺情起复之制也。

《汉书》九十九下《王莽传》云：地皇二年闰月丙辰，大赦天下，天下大服、民私服在诏书前亦释除。张晏曰：莽妻本以此岁死，天下大服也。私服，自丧其亲。皆除之。

《后汉书》十九《耿恭传》云：恭母先卒，及还，追行丧制，诏使五官中郎赍牛酒释服。

《后汉书》二十六《赵熹传》云：永平八年，代虞延行太尉事，居府如真，后遭母忧，上疏乞身行丧礼，显宗不许，遣使者为释服，赏赐恩宠甚渥。

《后汉书》三十七《桓焉传》云：永宁中，焉以母忧自乞，听以大夫行丧。逾年，诏使者赐牛酒夺服。

《后汉书》四十五《张酺传》云：酺父卒，既葬，诏遣使赍牛酒为释服。

《后汉书》三十九《江革传》云：及母终，革至性殆灭，尝寝伏冢庐，服竟不忍除，郡守遣丞掾释服。树达按：此已服竟，非夺情，且非国家释之，以释服类记于此。

三年之丧既遵古礼，故期年之丧亦遵礼而行服。

《后汉书》六十二《陈寔传》云：补闻喜长，旬月，以期丧去官。

故有以祖父丧去官者。

沈铭彝《后汉书注》又补引朱彝尊云：贾逵以祖父丧弃官。树达按：《后汉书·逵传》未见，待考。

有以祖母丧去官者。

《后汉书》四十一《宗均传》云：均调补辰阳长，以祖母丧去官。

有祖母丧服阕始就辟者。

《后汉书》五十八《虞诩传》云：诩孤早，孝养祖母，县举顺孙，国相奇之，欲以为吏。诩辞曰："祖母九十，非诩不养。"相乃止。后祖母终，服阕，辟太尉李修府，拜郎中。

有伯父丧去官者。

《后汉书》八十一《独行·戴封传》云：后举孝廉，光禄主事，遭伯父丧去官。

有以伯母丧去官者。

《隶续》十一《司隶校尉杨淮碑》云：从弟讳弼，举孝廉，西鄂长，伯母忧去官。

有以叔父丧去官者。

《蔡邕集·陈留太守胡硕碑》云：宿卫十年，遭叔父忧，以疾自免。

《隶释》九《繁阳令杨君碑》云：迁繁阳令，会叔父太尉公薨，委荣轻举，投黻知遗。树达按：杨君桓灵间人。

有以从父丧去官者。

《隶释》七《荆州刺史度尚碑》云：除上虞长，以从父忧去官。

有以兄丧去官者。

《后汉书》七十九《儒林·杨仁传》云：肃宗既立，拜什邡令，行兄丧去官。

《后汉书》二十六《韦彪传》云：义为广都长，甘陵、陈二县令，以兄顺丧去官。树达按：此在顺帝时。

《金石录》十八载《汉赵相刘衡碑》云：君以特选为郎中令，以兄琅琊相忧，即日轻举。树达按：衡卒于灵帝时。

有以兄丧辞征辟者。

　　《风俗通》五《十反篇》云：范滂父字叔矩，博士征，以兄忧不行。

　　《隶释》十一献帝初平元年《圉令赵君碑》云：司徒杨公辟，以兄忧不至。

有以兄丧庐墓者。

　　《后汉书》二十四《马援传》云：援三兄，况余员。况卒，援行服期年，不离墓所。

若光武之不敢服兄丧，乃特例也。

　　《后汉书》一上《光武纪》云：光武不敢为伯升服丧，饮食言笑如平常。

有以弟丧去官者。

　　《后汉书》八十一《独行·谯玄传》云：成帝永始二年，拜议郎，后迁太常丞，以弟服去职。
　　顾炎武《金石文字记》一灵帝中平二年《郃阳令曹全碑》

云：迁右扶风槐里令，遭同产弟忧，弃官。

有以从兄丧去官者。

《隶释》十一《高阳令杨著碑》云：拜思善侯相，遭从兄沛相忧，笃义忘宠，飘然轻举。树达按：此碑《汉释字源考》定为灵帝建宁元年，知著为桓帝时人。

至若马稜以恩谊之故，于从兄之丧行心丧三年，亦特例也。

《后汉书》二十四《马稜传》云：稜少孤，依从兄毅共居业，恩犹同产，毅卒，无子，稜心丧三年。

有以姊丧去官者。

《后汉书》八十一《独行·陈重传》云：除细阳令，当迁为会稽太守，遭姊忧去官。
沈铭彝《后汉书注》又补引朱彝尊等云：仲定以姊忧去官。

有以妹丧去官者。

《隶释》七《冀州刺史王纯碑》云：失妹宁归，遂释印绂。

有以兄子丧去官者。

《后汉书》六十五《马融传》云：拜为校书郎中，因兄子丧，自劾归。

又从是推而广之，则弟子之于师，有奔丧者。

《后汉书》三十七《桓荣传》云：荣事博士九江朱普，普卒，荣奔丧九江。
《后汉书》七十九下《儒林·任末传》云：为郡功曹，辞以病免，后奔师丧，于道物故。达按：又见《华阳国志》卷十。
《后汉书》八十一《独行·刘翊传》云：翊曾行于汝南界中，有陈国张季远赴师丧，遇寒冰车毁，顿滞道路。
《后汉书》六十三《李固传》注引《楚国先贤传》云：董班字季，宛人也。少游太学，宗事李固，固死，乃星行奔赴。

有弃官者。

《后汉书》六十二《荀淑传》云：淑建和三年卒，李膺时为尚书，自表师丧。
《后汉书》六十四《延笃传》云：为平阳侯相，以师丧弃官奔赴。

第二章 丧葬

《后汉书》六十七《孔昱传》云：补洛阳令，以师丧弃官。

《蜀志》一《刘焉传》云：焉以宗室拜中郎，后以师祝公丧去官。裴松之云：司徒祝恬也。

有行丧三年者。

《汉书》八十七下《扬雄传》云：雄天凤五年卒，侯芭为起坟，丧之三年。

《后汉书》八十二上《李郃传》云：郃年八十余卒于家，门人上党冯胄独制服心丧三年，时人异之。

有服衰者。

《水经注》六《汾水篇》云：界休城东有征士郭林宗、宋子浚二碑，其碑文云：建宁二年正月丁亥卒，凡我四方同好之人，永怀哀痛，乃树碑表墓昭景行云。陈留蔡伯喈、范阳卢子干、扶风马日䃅等远来奔丧，持朋友服心丧期年者，如韩子助、宋子浚二十四人，其余门人著锡衰者千数。

有制杖者。

《风俗通》二《愆礼篇》云：大将军掾敦煌宣度为师太常

张文明制杖。谨案《礼记》：孔子之丧，门人疑所服，子贡曰：昔夫子之……丧颜渊，若丧子而无服，至子路亦然，请丧夫子如父而无服，群居则否。今人乃为制杖，同之于丧。说者既不纠匡，而云观过知仁，谓心之哀恻终始一者也。

有筑坟墓者。

见前坟墓节弟子为师筑坟条。

若因行师丧而得罪者，亦特例也。

《后汉书》六十九《窦武传》云：武府掾桂阳胡腾少师事武，独殡殓行丧，坐以禁锢。

于朋友，有服心丧期年者。

《水经注》六《汾水篇》云：见前条。

有为服缌麻三月者。

《太平御览》四百九引《三辅决录》云：游殷为胡轸所害，同郡吉伯房、郭公休与殷同岁相善，为缌麻三月。

属吏之于长官,有奔丧者。

《隶释》十《凉州刺史魏元丕碑》云:于是故吏茂才云中太守汉阳□胄从事□咸较琰等不远万里,断制缞裳,感恩奔哀。

有弃官者。

《隶释》十一《太尉刘宽碑》云:拜侍御史,迁梁令,丧旧君,以弃官。

有服缞绖者。

《隶释》十一《益州太守高颐碑》云:建安十四年八月,于官卒。臣吏擗举而悲叫,黎庶踊泣而忉怛,追念恩义,缞绖坟侧。

有庐墓者。

《隶续》十六《北海相景君碑阴》云:行三年服者凡八十七人。惟故臣吏慎终追念,谅暗沉思,守卫坟园,仁纲礼备,陵成宇立,树列既就,圣典有制,三载已就,当离墓侧,永怀靡既,文不可胜,以义割志,乃著遗辞,以明厥意。

见举者之于举将有服丧者。

《后汉书》三十七《桓鸾传》云：鸾以世浊州郡多非其人，耻不肯仕。年四十余时，太守向苗有名迹，乃举鸾孝廉，迁为胶东令，始到官而苗卒，鸾即去职奔丧，终三年然后归，淮汝之间高其义。

《后汉书》五十一《李恂传》云：太守李鸿请署功曹，未及到而州辟为从事。会鸿卒，恂不应州命而送鸿丧还乡里。既葬，留起冢坟，持丧三年。

《后汉书》六十二《荀爽传》云：司空袁逢举有道，不应。及逢卒，爽制服三年，当世往往化以为俗。

《后汉书》七十六《童恢传》云：恢弟翊，举孝廉，除须昌长，闻举将丧，弃官归。

《吴志·陆续传》注引谢承《后汉书》云：陆康少悖孝弟，太守李肃察举孝廉，肃后坐事伏法，康敛尸送丧还颍川行服。

有部民为长吏服丧者。

《后汉书》三十七《桓典传》云：举孝廉为郎。居无几，会国相王吉以罪被诛，故人亲戚莫敢至者。典独弃官收敛归葬，服丧三年，负土成坟，为立祠茔，尽礼而去。

甚有贾胡为中国长吏服丧者。

《华阳国志》卷十中云：王涣，字稚子，郪人也。元兴元年卒，贾胡左咸遭其清理，制服三年。

第十六节　居丧之礼

居丧之礼，未葬，居服舍。

《汉书》三十五《吴王濞传》云：楚王戊往年为薄太后服，私居服舍。

《汉书》五十二《江都易王传》云：易王薨，未葬，建居服舍。

《后汉书》十上《和熹邓后传》云：及新野君薨，太后自侍疾病，至乎终尽，忧哀毁损，事加于常。太后谅暗既终，七年正月，初入大庙。

《后汉书》八十三《逸民·戴良传》云：母卒，兄伯鸾居庐啜粥，非礼不行，良独食肉饮酒，哀至乃哭，而二人俱有毁容。

既葬则庐墓。

　　《后汉书》十六《邓骘传》云：母新野君丧，骘等乞身行服，章连上，太后许之。骘等既还里第，并居冢次。

　　《后汉书》二十《祭肜传》云：肜早孤，以至孝见称。遇天下乱，野无烟火，而独在冢侧。每贼过，见其尚幼而有志节，皆奇而哀之。

　　《后汉书》三十九《赵孝传》云：时汝南有王琳、巨尉者，年十余岁，丧父母，因遭大乱，百姓奔逃，惟琳兄弟独守冢庐，号泣不绝。

　　《后汉书》三十九《江革传》云：及母终，至性殆灭，尝寝伏冢庐，服竟不忍除。

　　《后汉书》五十二《崔寔传》云：寔父卒，隐居墓侧，服竟，三公并辟，皆不就。

　　《后汉书》六十下《蔡邕传》云：邕性笃孝，母卒，庐于冢侧，动静以礼。

　　《后汉书》八十一《独行·李充传》云：充后遭母丧，行服墓次。

　　《后汉书》八十二《方术·廖扶传》云：扶常居先人冢侧，未尝入城市。

　　《后汉书》三十九《周磐传》云：磐后思母，弃官还乡里。及母殁，哀至几于毁灭。服终，遂庐于冢侧。

又云：磐同郡蔡顺以至孝称，母平生畏雷，自亡后，每有雷震，顺辄圜冢泣曰："顺在此。"太守韩崇闻之，每雷，辄为差车马到墓所。太守鲍众举孝廉，不能远离坟墓，遂不就。

不饮酒食肉。

《汉书》六十八《霍光传》载《昌邑王罪状奏》云：服斩缞，亡悲哀之心，废礼谊，居道上，不素食。……常私买鸡豚以食，……与从官饮啖。

《汉书》八十《东平思王宇传》云：宇立二十年，元帝崩。比至下，宇凡三哭，饮酒食肉，妻妾不离侧。树达按：此记其非礼。

《后汉书》十七《冯异传》云：自伯升之败，光武不敢显其悲戚，每独居，辄不御酒肉，枕席有涕泣处。

不近妇人。

《汉书》三十五《吴王濞传》云：见上。

《汉书》六十八《霍光传》载《昌邑王罪状奏》云：居道上，使从官略女子载衣车，内所居传舍。

《汉书》八十《东平思王宇传》云：见前条。

《风俗通》二《正失篇》云：俗说：彭城相袁元服字伯楚，

为光禄卿，于服中生此子，时年长矣。不孝莫大于无后，故收举之。君子不隐其过，因以服为字。谨案：元服名贺，汝南人也。祖父名原，为侍中。安帝始加元服，百官会贺，临严垂出而孙适生，喜其嘉会，因名曰贺，字元服。……服中子犯礼伤孝，莫肯收举。袁元服功德爵位，子孙巍巍，仁君所见。

《后汉书》六十六《陈蕃传》云：民有赵宣，葬亲而不闭隧埏，因居其中，行服二十余年，乡邑称孝。州郡数礼请之，郡内以荐蕃，蕃与相见，问及妻子，而宣五子皆服中所生。蕃大怒，曰：圣人制礼，贤者俯就，不肖企及。且祭不欲数，以其易黩故也。况乃寝宿冢藏而孕育其中，诳时惑众，诬污鬼神乎！遂致其罪。

不作乐。

《汉书》六十八《霍光传》载《昌邑王罪状奏》云：大行在前殿，发乐府乐器，引内昌邑乐人击鼓歌吹作俳倡。会下还，上前殿，击钟磬，召内泰壹宗庙乐人辈道牟首，鼓吹歌舞，悉奏众乐。

《汉书》九十九上《王莽传》云：莽下书曰：遏密之义，讫于季冬，正月郊祀，八音当奏。

不聘妻。

《汉书》九十八《元后传》云：案：根，骨肉至亲，社稷大臣，先帝弃天下，根不悲哀思慕，山陵未成，公聘取故掖庭女乐五官殷严、王飞君等置酒歌舞，捐忘先帝厚恩，背臣子义。及根兄子成都侯况幸得以外亲继父为列侯，侍中，不思报厚恩，亦聘取故掖庭贵人以为妻，皆无人臣礼，大不敬，不道。根遣就国，勉况为庶人，归故郡。

《后汉书》十四《赵孝王良传》云：赵相奏乾居父丧，私娉小妻，坐削中丘县。

不访友。

《汉书》五十二《灌夫传》云：夫尝有服，过丞相蚡。蚡从容曰："吾欲与仲孺过魏其侯，会仲孺有服。"夫曰："将军乃肯幸临况魏其侯，夫安敢以服为解。请语魏其侯帐具，将军旦日蚤临！"按：夫过蚡，有故也；蚡云云者，蚡过魏其时饮酒为荣，有服则不宜也。夫不敢以服为解，则事之变也。《索隐》云：服谓期功之服也。故应璩书曰：仲孺不辞同生之服也。

《后汉书·朱穆传》注引穆《与刘伯宗绝交书》云：昔我为丰令，足下不遭母忧乎？亲解缞绖来入丰寺。按：以礼言之，居丧不当访友，灌夫及刘伯宗，似皆忧礼之行也。

第十七节 上冢

古人重庙祭，汉人则重墓祀。

《论衡》二十三《四讳篇》云：古礼庙祭，今俗墓祀。

《后汉书》二《明帝纪》注引《汉官仪》云：古不墓祭，秦始皇起寝于墓侧，汉因而不改。诸陵寝皆以晦望、二十四气、三伏、社腊及四时上饭。

《日知录》云：汉人以宗庙之礼移于陵墓。有人臣而告事于陵者，苏武自匈奴还，诏奉一太守谒武帝园庙是也。有上冢而会宗族故人者，有上冢即太官为之供具者，有赠谥而赐之于墓者，有人主而临人臣之墓者，有庶民而祭古贤人之墓者。

行之者，上自天子。

《后汉书》一《光武纪》云：建武三年冬十月壬申，幸舂陵，祠园庙，因置酒旧宅，大会故人父老。

又云：建武十年秋八月己亥，幸长安，祠高庙，遂有事十一陵。

又云：建武十一年春二月己酉，幸南阳，还幸章陵，祠园陵。

十七年冬十月甲申，幸章陵，修园庙，祠旧宅，观田庐，置酒作乐赏赐。

十八年二月甲寅，幸长安，三月壬午，祠高庙，遂有事十一陵。

冬十月庚辰，幸宜城，还祠章陵。

二十二年春闰月丙戌，幸长安，祠高庙，遂有事十一陵。

中元元年四月己卯，行幸长安，戊子，祀长陵。

《后汉书》二《明帝纪》云：永平元年春正月，帝率公卿以下朝于原陵，如元会仪。

二年十月甲子，西幸长安，祠高庙，遂有事于十一陵。十年闰月甲午，幸南阳，祠章陵。

《后汉书》三《章帝纪》云：建初七年冬十月癸丑，幸长安。丙辰，祠高庙，遂有事十一陵。

元和元年九月辛丑，幸章陵，祠旧宅园庙，见宗室故人，赏赐各有差。

《后汉书》四《和帝纪》云：永元十五年十月戊辰，幸章陵，癸丑，祠园庙，会宗室于旧庐，劳赐作乐。

《后汉书》五《安帝纪》云：延光三年闰月乙未，祠高庙，遂有事十一陵。

四年三月辛酉，祠章陵园庙。

《后汉书》六《顺帝纪》云：永和二年十一月丙午，祠高庙。丁未，遂有事十一陵。

《后汉书》七《桓帝纪》云：延熹二年十月壬申，幸长安。十一月庚子，遂有事十一陵。

延熹七年冬十月庚申，幸章陵，遂有事于园庙，赐守令以下各有差。

《续汉书·礼仪志》注引谢承《后汉书》云：建宁五年正月，车驾上原陵，蔡邕为司徒掾，从公行到陵，见某仪，忾然谓同坐者曰：闻古不墓祭，朝廷有上陵之礼，殆为可损。今见其仪，察其本意，乃知孝明皇帝至孝恻隐，不可易夺。或曰：本意云何？昔京师在长安时，其礼不可尽得闻也。光武即世，始葬于此。明帝嗣位，逾年，群臣朝正，感先帝不复闻见此礼，乃帅公卿百寮就园陵而创焉。尚书阶西祭设神坐，天子事亡如事存之意。苟先帝有瓜葛之属，男女毕会，王侯大夫郡国计吏各向神坐而言，庶几先帝神魂闻之。今者日月久远，后生非时人，但见其礼，不知其哀，以明帝圣孝之心，亲服三年，久在园陵，初兴此仪，仰察几筵，下顾群臣，悲切之心，必不可堪。邕见太傅胡广曰：国家礼有烦而不可省者，不知先帝用心周密之至于此也。广曰：然。子宜载之以示学者，邕退而记焉。树达按：谒陵之事，光武世即有之，惟率群臣百官计吏上陵始于明帝，故邕谓明帝创之也。

第二章 丧葬

下及臣民。

《汉书》四十《张良传》云：及良死，并葬黄石。每上冢伏腊，祠黄石。

《后汉书》三十五《郑玄传》云：玄书戒子益恩曰：自非拜国君之命，问亲族之忧，展敬坟墓，观省师物，胡尝扶杖出门乎！

《意林》引《风俗通》云：周霸翁仲为北海相，吏周光能见鬼，署为主簿，使还致敬于本郡县。因告光曰：事讫，腊日，可与小儿俱上冢！去家十三年，不躬烝尝，主簿微察知先君宁息会同饮食。

无论男女皆然，故皇后时上其先人之冢。

《后汉书》十六《邓训传》云：和帝以训皇后之父，使谒者新节至训墓，赐策，追封谥曰平寿敬侯，中宫自临，百官大会。

《后汉书》四十三《何敞传》云：后邓太后上太傅禹冢，敞起随百官会。

而民间妇女亦随其夫家上冢云。

《汉书》六十四上《朱买臣传》云：买臣独行歌道中，负薪墓间,故妻与夫家俱上冢,见买臣饥寒,呼饭饮之。

臣下在外郡上冢者,或由上请。

　　《汉书》九十二《楼护传》云:平阿侯举护方正,为谏大夫,使郡国,过齐,上书求上先人冢。
　　《汉书》百《叙传》云:班伯见征,伯上书,愿过故郡上父祖冢,有诏太守都尉以下会。

或以特诏。

　　《后汉书》十五《王常传》云:建武六年春,征还洛阳,令夫人迎常于舞阳,归家上冢。
　　《后汉书》十七《岑彭传》云:建武六年冬,征彭诣京师,复南还津乡,有诏过家上冢,大此秋以朔望问太夫人起居。
　　《后汉书》十八《吴汉传》云:汉振旅浮江而下,至宛,诏令过家上冢,赐谷二万斛。
　　《后汉书》二十六《韦彪传》云:厚赐彪钱珍羞食物,使归平陵上冢。
　　《后汉书》四十一《宋均传》云:光武嘉其功,迎赐以金帛,令过家上冢。
　　《后汉书》四十五《韩稜传》云:迁南阳太守,特听稜得

第二章 丧葬

过家上冢，乡里以为荣。

往往诏令太守都尉以下皆会。

 《汉书》百《叙传》云：见前。
 《后汉书》十七《冯异传》云：建武二年：诏异归家上冢，使太中大夫赍牛酒，令二百里内太守都尉已下及宗族会焉。
 《风俗通·穷通篇》云：太傅汝南陈蕃仲举去光禄勋，蕃本召陵，其祖河东太守冢在召陵，岁时往祠，以先人所出，重难解亭，止诸冢舍。时令刘子兴亦本凡庸，不肯出候，股肱争之，尔乃会其冢上。树达按：据此文，知贵吏虽已去职，上冢时地方长吏亦必来会，不必有诏令也。

而上冢者，往往于其时召宗族。

 《汉书》百《叙传》云：伯见征，上书愿过故郡上父祖冢。因召宗族，各以亲疏加恩，施散数百金，北州以为荣，长老纪焉。

会宾客。

 《汉书》七十七《何并传》云：侍中王林卿通轻侠，倾京师。后坐法免，宾客愈盛，归长陵上冢，因留饮连日。

期故人。

　　《汉书》九十二《游侠·楼护传》云：护假贷，多持币帛。过齐，上书求上先人冢，因会宗族故人，各以亲疏与束帛，一日散百金之费。
　　《汉书》九十二《原涉传》云：涉欲上冢，不欲会宾客，密独与故人期会。

飨以酒食。

　　《汉书》七十二《鲍宣传》云：董贤上冢有会，辄太官为供。

惠以金帛云。

　　《汉书》百《叙传》云：见前。
　　《汉书》九十二《游侠·楼护传》云：见前。

或有不上先人之丘墓者，惟被刑为徒之人为然，盖以俗忌云。

　　《论衡》二十三《四讳篇》云：二曰：讳被刑为徒不上丘墓。但知不可，不能知其不可之意，至或于被刑父母死不送葬，若至墓侧，不敢临葬，甚失至于不行吊伤见他人之柩。实说其意，徒不上丘墓有二义，义理之讳，非凶恶之忌也。徒用心，以为先祖全而生之，子孙亦当全而归之，刻画身体，毁伤发肤，愧负刑辱，深自刻责，故不升墓祀于先，一义也。墓者，鬼神所在，祭祀之处。缘先祖之意见子孙被刑，恻怛憯惕，恐其临祀不忍歆享，故不上墓，二义也。

《太平御览》六百四十二引《风俗通》云：徒不上墓。俗说：新遭刑众原解者，不可以上墓祠祀，令人死亡。谨案《孝经》：身体发肤受之父母，曾子病困，启手足，以归全也。遭刑者髡首剔发，身被加笞，新出狴犴，臭秽不洁。凡祭祀者，孝子致斋贵馨香如亲存时也。见子被刑，心存恻怆，缘生事死，恐神明不歆，故当不上墓耳。

其他有弟子上师冢者。

《汉书》八十八《儒林·周堪传》云：许商善为算，著五行论历。……号其门人唐林为德行，王吉为政事。王莽时，林、吉为九卿，自表上师冢，大夫博士郎吏为许氏学者，各从门人会车数百两，儒者荣之。

有故臣上旧君之冢者。

《后汉书》二十九《鲍永传》云：永征为司隶校尉，行县到霸陵，路经更始墓，引车入陌，从事谏止之，永曰："亲北面事人，宁有过墓不拜！虽以获罪，司隶所不避也。"遂下，拜哭尽哀而去。

有故吏上长吏之墓者。

《后汉书》二十九《鲍永传》云：永西至扶风，椎牛上苟谏冢。

有故仆上旧主之冢者。

《后汉书》八十一《独行·李善传》云：善本同县李元苍头也。……善再迁日南太守，从京师之官，道经涴阳，过李元冢，未至一里，乃脱朝服，持锄去草，及拜墓哭泣甚悲，身自炊爨执鼎俎以修祭祀，垂泣曰："君夫人善在此。"尽哀，数日乃去。

有地方长吏祠乡贤之墓者。

《后汉书》五十七《李云传》云：冀州刺史贾琮使行部，过祠云墓，刻石表之。

《后汉书》六十四《卢植传》云：建安中，曹操北讨柳城，过涿郡，告守令曰："故北中郎将卢植名著海内，学为儒宗，……

《春秋》之议,贤者之后宜有殊礼,亟遣丞掾除其坟墓,存其子孙,并致薄醊以张厥德。"

有士大夫奠知己之墓者。

《后汉书》五十一《桥玄传》云:曹操尝感其知己,及后经过玄墓,辄凄怆致祭奠。

有拜古圣贤人之墓者。

《太平御览》八百六十引桓谭《新论》云:孔子,匹夫耳,而卓然名著,至其冢墓,高者牛羊鸡豚而祭之,下及酒脯寒具,致敬而去。

《文选》曹昭《东征赋》云:蘧氏在城之东南兮,民亦给其丘坟。

其有遗爱于夷狄者,则夷人拜其墓致敬焉。

《后汉书》二十《祭肜传》云:乌桓鲜卑追思肜无已,每朝贺京师,常过冢拜谒,仰天号泣乃去。

《后汉书》五十六《种暠传》云:匈奴闻暠卒,举国伤惜,单于每入朝贺,望见坟墓,辄哭泣祭祀。

天子于其臣下，有遣使者祭其冢者。

《汉书》七十八《萧望之传》云：天子追念望之不忘，每岁时遣使者祠祭望之冢，终元帝世。

《汉书》八十九《循吏传》云：平帝元始四年，诏书祀百辟卿士有益于民者，蜀郡以文翁，九江以召父应。诏岁时郡二千石率官属行礼奉祠信臣冢，而南阳亦为立祠。

《后汉书》十五《李通传》云：光武每幸南阳，常遣使者以太牢嗣通父冢。

《后汉书》十六《邓骘传》云：大司农朱宠痛骘无罪遇祸，乃肉袒舆榇，上疏追讼骘，众庶多为骘称枉，帝意颇悟，乃谴让州郡，还葬洛阳北芒旧茔，公卿皆会丧，诏遣使者嗣以中牢。

《后汉书》二十三《窦融传》云：帝以融信效著明，益嘉之，诏右扶风修理融父坟茔，嗣以太牢。

有即墓赐策追谥者。

《后汉书》三十二《阴兴传》云：建初五年，兴夫人卒，肃宗使五官中郎将持节即墓赐策，追谥兴曰翼侯。

第二章 丧葬

又有天子自幸其冢者，其人则或为诸侯王。

《后汉书》四十二《东平王苍传》云：元和三年，行东巡守，遂幸苍陵，为陈虎贲、鸾辂、龙旂以章显之，嗣以太牢，亲拜祠坐，哭泣尽哀，赐御剑于前。

《后汉书》二《明帝纪》云：永平六年冬十月，行幸鲁，祠东海恭王陵，会沛王辅、楚王英、济南王康、东平王苍、淮南王延、琅邪王京、东海王政。

又：十五年三月，祠东海恭王陵。至定陶，祠定陶恭王陵。

《后汉书》三《章帝纪》云：元和二年三月己丑，进幸鲁祠东海恭王陵。壬辰，进幸东平，祠宪王陵。甲午，遣使者祠定陶太后恭王陵。

又云：章和元年八月乙未，幸沛，祠献王陵。

或为贵戚。

《后汉书》三十二《樊宏传》云：建武十八年，帝南祠章陵，过湖阳，祠重墓，追爵谥为寿张敬侯，立庙于湖阳。车驾每南巡，常幸其墓，赏赐大会。

或为功臣。

《后汉书》二十《祭遵传》云：遵既葬，车驾复临其坟，遵从弟肜，及遵卒，无子，帝追伤之，以肜为偃师长，令近遵坟墓，四时奉祠之。

而于先代功臣，亦或遣使祠之。

《后汉书》五《安帝纪》云：延光三年冬十月，遣使者祠太上皇于万年，以中牢祠萧何、曹参、霍光。

或过式其墓云。

《后汉书》二《明帝纪》云：永平二年十一月甲申，遣使者以中牢祠萧何、霍光。帝谒陵园，过式其墓。

惟汉人重坟墓，故枭雄拥兵者以完坟墓为口实。

《后汉书》二十四《马援传》云：援为书与隗嚣将杨广曰：季孟平生自言，所以拥兵众者，欲以保全父母之国而完坟墓也。

而志第欲为乡里善人者，亦以守坟墓为言。

《后汉书》二十四《马援传》云：援谓官属曰："吾从弟少游常哀吾慷慨多大志，曰：'士生一世，但取衣食裁足，乘下泽车，御款段马，为郡掾吏，守坟墓，乡里称善人，斯可矣。'"

迁徙者则不乐。

《汉书》九《元帝纪》云：永光四年，诏曰：顷者，有司奏徙郡国民以奉园陵，令百姓远弃先祖坟墓，人怀思慕之心，家有不安之意。

故有遭时大乱，人皆奔逃，守冢不去者。

《东观汉记》十六云：汝南王琳十余岁丧亲，遭大乱，百姓奔逃，惟琳兄弟独守冢庐。

有宗族皆他徙，而独留故地以守坟墓者。

《汉书》七十三《韦贤传》云：贤，鲁国邹人也。贤四子，次子舜，留鲁守坟墓。树达按：贤以昭帝时徙平陵，而舜留鲁也。

《汉书》八十《淮阳宪王传》云：王有外祖母舅张博兄弟

三人。后王上书请徙外家张氏于国，博上书，愿留守坟墓，独不徙。

《东观汉记》七云：城阳恭王祉，父敞，敞曾祖节侯买以长沙定王子封于零道之舂陵为侯，敞父仁嗣侯，以舂陵地势下湿，有山林毒气，难以久处，上书求减邑内徙，留子男昌守坟墓。

有亲丧未归葬，即留居异土，不归故地者。

《后汉书》七十九上《儒林·孔僖传》云：僖，鲁国鲁人也。拜临晋令，卒官。遗令即葬，二子长彦季彦并十余岁，蒲坂令许君然劝令反鲁，对曰："今载柩而归，则违父令；舍墓而去，心所不忍。"遂留华阴。

其弃墓不留者，或致讥焉。

《珩璜新论》引桓谭《新论》云：扬雄为中散大夫，病卒，贫，无以办丧事，以贫困故葬长安。妻子弃其坟墓，西归于蜀。此罪在轻财，通人之蔽也。

此亦可知汉人务欲归葬故乡之故矣。